Jesús

el modelo

La **plomada** para **la vida** cristiana

Jesús
el modelo

La **plomada** para **la vida** cristiana

JOY DAWSON

CASA
CREACIÓN
A STRANG COMPANY

La mayoría de los productos de Casa Creación están disponibles a un precio con descuento en cantidades de mayoreo para promociones de ventas, ofertas especiales, levantar fondos y atender necesidades educativas. Para más información, escriba a Casa Creación, 600 Rinehart Road, Lake Mary, Florida, 32746; o llame al teléfono (407) 333-7117 en Estados Unidos.

Jesús, el modelo por Joy Dawson
Publicado por Casa Creación
Una compañía de Strang Communications
600 Rinehart Road
Lake Mary, Florida 32746
www.casacreacion.com

A menos que se exprese lo contrario, todas las citas de la Escritura están tomadas de la Santa Biblia Reina Valera Revisión 1960 © Sociedades Bíblicas Unidas, 1960. Usada con permiso.

Las citas de la Escritura marcadas (NVI) corresponden a la Santa Biblia, Nueva Versión Internacional ©1999 por la Sociedad Bíblica Internacional. Usada con permiso.

Copyright © 2008 por Casa Creación
Todos los derechos reservados

Publicado originalmente en E.U.A. bajo el título:
Jesus the Model © 2007 por Joy Dawson
Charisma House, A Strang Company,
Lake Mary, FL 32746
Todos los derechos reservados

Traducido por María Mercedes Pérez, María Bettina López y María del C. Fabbri Rojas.
Revisión y edición: María del C. Fabbri Rojas
Diseño de portada por: Jerry Pomales
Diseño interior por: Hilda M. Robles

Library of Congress Control Number: 2008921137
ISBN: 978-1-59979-131-9

08 09 10 11 12 * 7 6 5 4 3 2 1
Impreso en los Estados Unidos de América

Agradecimientos

Mi mayor deuda de gratitud es hacia Dios, quien me dio el mandato de escribir sobre este tema y me ha dirigido y capacitado durante el proceso de hacerlo.

Éste es mi séptimo libro. Las verdades bíblicas expresadas en este libro sobre Jesús el Modelo y las de mi primer libro, *Amistad íntima con Dios: cuando el temor de Dios está presente en nuestras vidas*, me han probado ser las verdades que más cambian vidas. Estoy profundamente agradecida al Espíritu Santo por revelármelas mientras estudiaba diligentemente la Palabra de Dios. Yo las necesitaba desesperadamente.

Estoy agradecida a mi amado esposo, Jim, por su disposición a dejar lo que fuera que estuviese haciendo para escucharme pacientemente y comentar mis esfuerzos de escritora, así como por sus muchas oraciones por este proyecto.

Agradezco también a Holly Holland, quien volcó a la computadora mis notas manuscritas. Ella ha hecho un buen trabajo.

Tengo una gran deuda con mi querido amigo el Pastor Jack Hayford, y estoy realmente emocionada por la manera en que ha sacado tiempo de su exigente agenda de compromisos para escribir un prólogo profundo y significativo para este libro. Yo le pedí un prólogo, y él me trajo una obra maestra literaria. No encuentro una manera apropiada de expresarle la profundidad de mi agradecimiento.

Vaya también el mayor de los agradecimientos a mis amigos intercesores, quienes oraron fielmente por mí durante el proceso de escritura y las etapas preparatorias de la publicación.

A todo el personal de Strang Communications con quienes mantuve una interacción tan provechosa: ha sido un deleite trabajar con ellos. Reciban mi sincera gratitud.

Contenido

Prólogo

Mientras abre este libro, déjeme proponerle dos pensamientos:

El primero, con respecto a la escritora: Joy Dawson jamás desperdicia palabras. Así que usted jamás desperdicia tiempo leyendo lo que ella escribe.

El segundo, acerca del tema: Jesucristo es el Señor de *toda* la vida. Así que usted jamás desperdicia nada de la suya si Le presta atención.

Con estas dos máximas, lo insto a leer estas páginas, porque lo irán guiando hacia la "idea original de la vida" de Dios como ha sido mostrada a través de su Hijo. Como guía, usted tiene a una de las más agudas y punzantes amigas con que podría esperar contar para que lo ayude a comprender cómo esa "idea" (realmente, ese "ideal") puede actuar en la práctica y llegar a ser efectivamente provechosa en su propia vida.

Los años de observar la *vida* de Joy Dawson, así como el impacto de su enseñanza sobre las multitudes, me han convencido: lo mejor o más sabio que usted puede hacer es prestar atención a lo que le enseña. Esta pequeña, escritora y maestra de la Biblia a escala global, deja más que una impresión cuando ministra. Deja una marca permanente. La belleza de este hecho consiste en esto: cuando usted está abierto a la gracia del Espíritu Santo, ministrada a través del estilo directo y afectuosamente acogedor de Joy, la imagen que queda grabada en su corazón y su mente no es la de ella: ¡es la de Jesús!

Cuando *Él* es presentado, tan clara y apropiadamente como en estas páginas, los lectores o escuchas son conducidos más allá de lo "religioso" a lo "relacional": de las *palabras a la Palabra viviente, de los hechos al Consumador, de la información* a la *transformación, de las ideas al Ideal.* La clave de este despliegue en todas las dimensiones, tanto de Jesús, la *persona* suprema, como el modelo y suprema *imagen* de vida, como del *poder* de Jesús como el Maestro que puede liberar el *propósito* último de la vida de usted y de la mía, está en la manera intensamente práctica en que usted encontrará presentados aquí "sus caminos". Usted no se quedará sólo con teorías o predicaciones, sino que se le dan historias que ilustran principios que proveen esa clase de "cómo hacerlo" que el propio Jesús se propuso que captáramos y aplicáramos.

Así que aquí está usted. Lea otra vez ambos pensamientos, los dos que le propuse al comienzo de este prólogo. Se alegrará de haber invertido tiempo en leer este libro, y será todavía más feliz cuando descubra, personalmente, tanto la *belleza* de Jesús como su poder.

¡Cristo en usted, la esperanza de gloria!

—JACK W. HAYFORD
PRESIDENTE DE LA IGLESIA
INTERNACIONAL CUADRANGULAR
RECTOR DE THE KING'S COLLEGE AND SEMINARY

Capítulo uno

JESÚS EL MODELO EN EL MINISTERIO

E l tema de este libro me resulta automáticamente apasionante porque trata sobre el Ser más fascinante del universo: el Señor Jesús, el amado de nuestras almas. Tratar de conocerlo es sumergirse en una travesía sin fin, maravillosa, asombrosa, sobrecogedora e intrigante. Así como su carácter es perfecto e inalterable, sus caminos son inescrutables. Eso significa que el misterio es parte de quien Él es. No se parece a nadie.

Debemos entender que el propósito de conocerlo es convertirnos en sus íntimos amigos y darlo a conocer a otros. Pero además de eso, podremos ser conformados a su imagen. Ahora bien, eso es un pacto. De hecho, es el pacto más grande que podremos hacer en nuestras vidas. Romanos 8:28-29 dice que el principal propósito de Dios respecto a nuestra existencia es que seamos hechos conformes a la imagen de su Hijo. ¡Uau! ¡Qué planes tiene Dios! ¡Qué destino para nosotros!

Oímos citar todo el tiempo Romanos 8:28: "a los que aman a Dios, todas las cosas les ayudan a bien, esto es, a los que conforme a su propósito son llamados." Pero muchas veces no prestamos atención a lo que sigue inmediatamente, a lo cual me refería. Éste es el propósito que debemos tener presente en todo momento.

Cuanto más estudio la vida de Jesús, más me entristece ver hasta qué punto se ha distanciado el cuerpo de Cristo del programa que Dios nos dio en su Palabra sobre cómo debíamos vivir. Si no creemos necesitar este mensaje, eso revela cuán desesperadamente nos hace falta.

La incredulidad dice: "Jamás podré vivir como vivió Jesús". El orgullo dice: "Conozco una manera mejor", o: "No estoy dispuesto a pagar el precio". La humildad y la fe responden: "Elijo vivir según los principios que Jesús ilustró para mí como Hijo del hombre cuando estuvo aquí en la Tierra, por la forma en que se relacionaba con el Padre". El mayor desafío. ¡Realizar lo fundamental!

Yo puedo llegar a ser como Él. Sólo existe una persona que puede producir semejante milagro en nosotros. Es el queridísimo Espíritu Santo. De hecho, ¡Él es el supremo especialista! A medida que nos rindamos a Él cada día, lo invitemos a asumir nuestro total control y obedezcamos sus instrucciones, irá emergiendo en nosotros la imagen de Cristo.

POR QUÉ VINO JESÚS A LA TIERRA

La vida terrenal de Jesucristo es única en la historia humana como modelo para todos los cristianos. No podemos permitirnos darle sólo una ojeada. Debemos estudiarla meticulosamente en la Palabra de Dios, entenderla, y luego aplicar los mismos principios a nuestras propias vidas.

Debemos pasar tiempo a solas con Él regularmente, adorándolo y escuchando su voz. Y por sobre todo, obedecerlo instantánea, gozosa y completamente. La buena noticia es que sí podemos llegar a ser como Él.

> "Por tanto, nosotros todos, mirando a cara descubierta como en un espejo la gloria del Señor, somos transformados de gloria en gloria en la misma imagen, como por el Espíritu del Señor."

—2 Corintios 3:18

En el Salmo 63:2, el salmista dice: "Para ver tu poder y tu gloria, así como te he mirado en el santuario". No podemos en manera alguna "contemplar" algo así y luego seguir despreocupadamente. Dios no recompensa averiguaciones superficiales acerca de Él, pero sí recompensa a quienes lo buscan con diligencia.

Jesucristo renunció a todos los derechos de su posición como Hijo de Dios para cumplir el propósito de ser enviado a la Tierra como Hijo del hombre. Para poder hacerlo, dejó de lado su función de deidad, pero al mismo tiempo retuvo su naturaleza divina.

JESUCRISTO VINO A LA TIERRA POR CINCO RAZONES PRIMORDIALES

Deberíamos estar concientes de estas razones y ser capaces de citarlas para nosotros mismos y para otros en cualquier momento.

1. Vino para mostrarnos cómo es el Padre.

"El Hijo es el resplandor de la gloria de Dios,
la fiel imagen de lo que Él es."

—Hebreos 1:3, NVI

2. Vino para morir en la cruz para hacer expiación por los pecados del mundo.

Pueden apropiarse esta obra expiatoria quienes se arrepienten de su pecado, lo invitan a entrar en su vida como Salvador y hacen de Él su Señor y Maestro.

3. Vino para deshacer las obras de Satanás.

"Para esto apareció el Hijo de Dios, para deshacer las obras del diablo."

—1 Juan 3:8

4. Vino para mostrarnos cómo vivir.

Es aquí donde logramos entender que Jesús haya hecho a un lado su función de deidad, reteniendo su naturaleza divina, para vivir como Hijo del hombre. ¿Por qué? Porque de no haberlo hecho, nosotros no sabríamos cómo vivir una vida como la de Cristo. No sabríamos cómo llegar a ser como Él. "Pues para esto fuisteis llamados; porque también Cristo padeció por nosotros, dejándonos ejemplo, para que sigáis sus pisadas" (1 Pedro 2:21).

¿Cómo podríamos seguir sus pasos si no entendiéramos qué es lo que hizo y cómo obró? De eso trata esta enseñanza. Porque si el Señor Jesús nos dice que sigamos sus pasos, quiere decir que Él debe ser capaz de investirnos de poder para que vivamos como Él lo hizo. Y vamos a ver cómo lo hizo. Podremos tener muchos mentores, ¡pero sólo un modelo!

Primera de Juan 2:6 dice: "El que dice que permanece en él, debe andar como él anduvo". Multitudes de cristianos tienen en sus corazones una enorme roca de incredulidad que debe ser removida mediante el arrepentimiento. Es la roca del descreimiento de que podamos vivir como Jesús.

Antes de que Lázaro volviera de la muerte, ¿qué dijo Jesús?: "Quiten la piedra, y luego verán mi gloria". Con arrepentimiento, debemos quitar de nuestros corazones la piedra del descreimiento para que podamos vivir realmente como Jesús, por medio del poder del Espíritu Santo. Jesús nunca nos diría que lo hiciéramos si no nos pudiera dar el poder para lograrlo, porque eso sería injusto.

Permítame explicarle lo importante que es entender que necesitamos hacer de Jesús nuestro modelo de conducta. Tenemos muchos mentores en nuestra vida, y está bien... eso es parte del ser discipulado. Mientras entendamos que los mentores jamás deben tomar el lugar del único y verdadero modelo de conducta. Si tomáramos a nuestros mentores como modelo de nuestras vidas, sería idolatría. Sólo hay una persona que dejó el cielo y vino a la Tierra para mostrarnos cómo vivir. Es el precioso Hijo de Dios.

Y en ese contexto, quisiera compartir con ustedes algo que me ocurrió en uno de mis tantos viajes ministeriales al exterior. Estaba dando unas conferencias de una semana en un lugar donde se estaba entrenando a cierto número de personas para ser discípulos. Había un líder fuerte, un hombre de Dios que estaba discipulando a un grupo de jóvenes veinteañeros y consagrados. Algunos de ellos tenían potencial de liderazgo, pero había un joven cuyo potencial de liderazgo era mayor que el de los demás. Yo lo sabía. El líder lo sabía. Dios ciertamente lo sabía.

A las 2:30 de la madrugada desperté de un profundo sueño y de inmediato me di cuenta de que Dios me había despertado con un propósito. Estaba muy alerta. Me senté y dije: "¿Qué ocurre, Señor? ¿Qué quieres que haga? ¿Que ore? Háblame. ¿Qué ocurre?". Y oí claramente estas palabras que hablaron a mi espíritu: "Ve al muchacho joven de la clase de entrenamiento, que tiene un tremendo potencial para el liderazgo, y dile estas palabras: "No moldees tu vida según el modelo de este líder terrenal que te está discipulando. Si lo haces, imitarás sus fortalezas, pero también sus debilidades. Moldea tu vida sólo de acuerdo al Señor Jesucristo porque Él es tu único modelo".

Al día siguiente, le entregué el mensaje. Ese joven oyó. Escuchó. Y hoy es, y viene siendo desde hace muchos años, un poderoso líder de miles de otros. Cuán importante fue aquello.

5. Vino para ser nuestra vida.

Una cosa es que Jesús diga: "Ahora sigan mis pasos y sean como yo y hagan lo que yo hice". Pero nosotros decimos: "¿Cómo? Sólo somos criaturas finitas de polvo y Él es el Dios infinito". Sí, pero recuerde, Él dejó de lado su función de deidad, reteniendo su naturaleza divina, y vivió dependiendo absolutamente del Padre para todo. Él vino para mostrarnos cómo vivir. Y en esencia Él dice: "Está bien, ya sé que no pueden vivir la vida que yo viví en la Tierra a menos que entiendan que la quinta razón por la que vine a la Tierra fue para vivir mi vida en ustedes, de manera que Yo pueda ser la única explicación de lo que ocurra a través de ustedes".

Pablo entendió este principio mejor que muchos; y por ello puede testificar en Colosenses 1:27: "Cristo en vosotros, la esperanza de gloria", y en Gálatas 2:20: "Ya no vivo yo, mas vive Cristo en mí". Pablo podía decir que la única explicación para su vida era el Señor Jesucristo viviente, a quien conoció en el camino a Damasco. No podemos perdonar totalmente a quienes nos han herido injustamente. No podemos amar completamente a quienes no se hacen amar: sólo la vida de Jesús en nosotros hace que estas cosas sean posibles a través de la persona del Espíritu Santo.

Puedo decir que no tengo a mi favor nada fuera de Él. Al comenzar cada día de mi vida, y antes de enseñar la Palabra de Dios, digo: "Jesús, no deseo cosa alguna, excepto tu vida en mí". Apenas despierto cada mañana, digo: "Jesús, levántate en mí y vive tu vida, a tu manera a través de mí este día". Y luego digo: "Piensa a través de mi mente, mira a través de mis ojos, habla a través de mi boca, hazme oír tu voz, ama a través de mi corazón, toca a través de mis manos, camina con mis pies. Sé la única explicación de lo que hoy ocurra por medio de mí". Le digo que estoy absolutamente vacía y desvalida a menos que Él se levante y tome control de mí, porque creo que sin Él no puedo hacer nada espiritual (Juan 15:5). Esto significa que a menos que el Señor Jesús esté en el asiento del conductor, al total control de mi vida, nada espiritual sucederá, no importa cuánta actividad despliegue en mi ministerio.

No hay ninguna otra manera de que Jesucristo pueda glorificarse, porque Romanos 7:18 dice que: "yo sé que en mí, esto es, en mi carne, no mora el bien". Y el Salmo 16, versículo 2 dice: "No hay para mí bien fuera de ti". ¿Se da cuenta de que esto le quita un gran peso al andar cristiano?

Hace muchos años, estas verdades revolucionaron mi vida entera, y particularmente mi vida de oración. Significan sencillamente que antes de ministrar a otros en cualquier forma, debemos decir: "Yo no puedo, pero tú sí puedes. Puedo apoyarme en ti, Jesús, tan completamente que si te mueves me caigo contigo. Confío en que Tú tomes el control a través de mí. Gracias porque sé que lo harás".

El ministerio de Jesús abarca tres categorías principales:

1. Enseñanza en la sinagoga

2. Evangelización en cualquier lugar donde hubiera gente, saciando sus necesidades mentales, físicas, del alma y del espíritu.

3. Discipulado y entrenamiento de líderes.

Si somos llamados por Dios para ocupar puestos de liderazgo espiritual, debemos mirar primero nuestra propia vida y verificar que coincida con nuestro modelo de conducta. Por cierto, el liderazgo espiritual requiere un proceso de entrenamiento. No hay cursos intensivos. Pero debemos tener una clara perspectiva de las categorías de ministerio del modelo que Jesús nos dio.

Conseguí un maravilloso librito que se llama *The Life of Christ in Stereo* (La vida de Cristo en estéreo).[a] Espero usted también pueda conseguirlo. Es único. El autor se tomó el trabajo de estudiar en Mateo, Marcos, Lucas y Juan, cada aspecto significativo de la vida de Jesús, donde un incidente en particular puede estar registrado en uno, dos, tres o cuatro de los Evangelios, y combinar las verdades de manera que cada una muestra un aspecto de Jesús en acción en ese momento. En *The Life of Christ in Stereo* (La vida de Cristo en estéreo), todas ellas se ponen juntas. Permítame ilustrarle cómo Mateo 11:1, Lucas 9:6, y

Marcos 6:12–13 se entrecruzan en lo que vemos en "estéreo":

> "Cuando Jesús terminó de dar instrucciones a sus doce discípulos, se fue de allí a enseñar y a predicar en las ciudades de ellos. Y saliendo, pasaban por todas las aldeas, anunciando el evangelio y sanando por todas partes. Y saliendo, predicaban que los hombres se arrepintiesen. Y echaban fuera muchos demonios, y ungían con aceite a muchos enfermos, y los sanaban".[1]

¿No es maravilloso? Es como una actuación especial del ministerio de Jesús. Es lo que se supone que deberíamos hacer nosotros pero no hacemos, nos quedamos cortos en cumplir el propósito que Jesús vino a mostrarnos cómo vivir.

Nota a la traducción
a. En español, puede consultarse una obra similar, El libro de vida, Editorial Vida, 1989, con texto del Nuevo Testamento, NVI.

Capítulo dos

CARACTERÍSTICAS DEL MINISTERIO DE JESÚS

Esto es muy importante. ¿Cómo podremos llegar a ser como otros si no examinamos bien de cerca lo que ellos hacen y cómo lo hacen? He aprendido más acerca de las personas por cómo viven, no por lo que dicen. Viendo cómo reaccionan ante Dios, ante otras personas y ante las circunstancias. Cuáles son las prioridades en sus vidas.

Antes de seguir escribiendo, quiero dejar bien en claro que no hay absolutamente nada aburrido en el ministerio terrenal de Jesús. Él siempre fue novedoso, innovador y humanamente impredecible; lo inesperado era lo habitual. ¿Suena eso como lo que pasa habitualmente cuando se reúne la mayoría de los cristianos? ¡No precisamente! ¿Qué significa eso? ¿Qué nos está diciendo Dios, al reflexionar y reconocer esas diferencias obvias entre la forma de ministrar de Jesús y la nuestra en el cuerpo de Cristo? Significa que necesitamos desesperadamente detenernos y pedirle a Dios que nos revele dónde y cómo nuestros programas no se originan en esperar en Él, y recibir sus instrucciones específicas cada vez que nos reunimos como creyentes. Si nuestras reuniones y servicios son predecibles, significa que estamos en una rutina. Y que no estamos obrando según los principios del modelo que Jesús nos dio. Por favor, tenga en mente todos esos factores importantes mientras estudiamos las otras características importantes del ministerio de Jesús.

Primero, Jesús tenía determinación, resolución y decisión para cumplir la tarea que le había sido encomendada por el Padre. Jesús dijo: "Yo te he glorificado en la tierra; he acabado la obra que me diste que hiciese" (Juan 17:4).

Él no permitiría que se lo distrajera del cumplimiento de su propósito, a ningún costo. En efecto, cuando Jesús dijo que estaba por ser crucificado, Pedro le dijo: "¡Ése no es tu rol! Se supone que eres el Rey que iba a venir, tomar el control de todo y liberarnos del dominio romano". Y Jesús le respondió: "¡Quítate de delante de mí, Satanás!; me eres tropiezo, porque no pones la mira en las cosas de Dios, sino en las de los hombres" (Mateo 16:21–23). Y Jesús puso su rostro como un pedernal para ir al Calvario.

Necesitamos esa clase de resuelta determinación para cumplir nuestros destinos. Es igual para todos nosotros. Es ser como Cristo. Conocerlo y hacerlo conocer. Si estamos tratando de hacerlo conocer pero no nos tomamos el tiempo necesario para saber cómo era estudiando su carácter y la forma en que actuaba, y si Él no es la única explicación de nuestras vidas, ¿sabe qué es lo que hacemos? Les damos a los demás una imagen distorsionada de Él.

La segunda característica del ministerio de Jesús, y de lejos la más fuerte, que nos dice por qué fue tan resueltamente a la cruz, es la humildad. Me encantaría que esa oración estuviera escrita con mayúsculas, en negrita, subrayada y con estrellitas a su alrededor. ¿Por qué? Porque es la clave de la vida de Jesús. Y debe llegar a ser la clave de las nuestras. La humildad era la forma en que Jesús se relacionaba con el Padre. Y lo hacía en cinco formas diferentes.

EVIDENCIAS DE LA HUMILDAD DE JESÚS

1. Su total sumisión al Padre.

Lucas 3:21–22 nos dice que su primer acto de sumisión pública al Padre no fueron los milagros que realizó. Fue su bautismo por inmersión. Inmediatamente después de ese acto de obediencia, la paloma vino sobre Él, y ésa fue la señal de que había sido investido con poder por el Espíritu Santo para su ministerio público. Si creemos que podemos salir a ministrar sin seguir el ejemplo de Jesús del bautismo en agua, y si creemos que no necesitamos ser revestidos de poder por el Espíritu Santo para el servicio, ¿cuán soberbios podremos llegar a ser? Éstas fueron las primeras expresiones públicas de sumisión de Jesús al Padre.

En Efesios 5:18, se nos manda ser llenos del Espíritu Santo. La expresión "sed llenos" en el original está en presente continuo. En el griego original eso significa "estar siendo continuamente llenado del Espíritu Santo". Por eso le pido frecuentemente a Dios que me llene con su Espíritu y también le pido que me muestre si hay en mi corazón algún pecado que no haya sido tratado. Como Dios es un Espíritu de Santidad, no llena vasijas sucias. Tenemos que saber si hay en nuestras vidas algún pecado que no haya sido tratado, porque el pecado nos separa de la intimidad con el precioso Señor Jesús.

¿Sabe usted que la convicción de pecado es una de las bendiciones más maravillosas que podamos tener? Nos ayuda a deshacernos de las fuerzas más destructivas de nuestras mentes, cuerpos, almas y espíritus. El pecado hace que la vida de Jesús no pueda manifestarse a los demás a través de nosotros. De manera que nos hacemos un favor a nosotros mismos al estar convencidos de pecado.

Un par de personas me han dicho: "Luego de oírla, Joy, creí que nunca más querría volver a escucharla porque su mensaje me hacía sentir muy culpable" Sonreí y les dije: "Bueno, está en su derecho. Está bien. Usted tiene derecho a tomar sus propias decisiones". Esas preciosas personas no entendían que Dios les estaba haciendo el favor más maravilloso al hacerlas sentir mal por todo lo que nos destruye mental, física, emocional y espiritualmente.

Busco fervientemente los escritores y maestros cuyos estándares de la Palabra de Dios sean más elevados para poder obtener un mejor entendimiento de aquello de lo cual necesito arrepentirme. Busco también a los que me desafiarán a profundizar en el entendimiento de cómo puedo ser más como Cristo.

Volviendo a la sumisión. En Juan 5:30, Jesús dijo: "No puedo yo hacer nada por mí mismo; según oigo, así juzgo; y mi juicio es justo, porque no busco mi voluntad, sino la voluntad del que me envió, la del Padre". Él no vino para vivir por Sí mismo. Él vino para someterse al Padre. No tenía que pensar: "¿Qué haré hoy?". Se levantaba de mañana muy temprano y buscaba al Padre para ver lo qué Él le tenía preparado para ese día (Marcos 1.25).

Les digo sinceramente ante Dios que conoce mi corazón, que yo sería un manojo de nervios si tuviera que tomar sola todas las decisiones para mi vida. Soy apenas una pequeña, débil y finita criatura formada del polvo de la tierra. No sé qué es lo mejor para mí. La sumisión a Jesús es para mí la mejor ayuda. Soy apenas una ovejita. Él es el Gran Pastor. Eso es un alivio. Hágase un favor y ríndale toda su vida a Él.

2. La humildad de Jesús en su dependencia del Padre.

En Juan 5:19, leemos: "De cierto, de cierto os digo: No puede el Hijo hacer nada por sí mismo, sino lo que ve hacer al Padre; porque todo lo que el Padre hace, también lo hace el Hijo igualmente". Cuando estudiamos este versículo, nos damos cuenta de que Jesús jamás hizo nada que no hubiera visto hacer u oído decir al Padre. Es por eso que tenía que pasar mucho tiempo a solas con Él. ¿Cuánto tiempo, como promedio, pasamos en nuestra vida esperando en Dios?

Durante cincuenta años de mi vida, he estado registrando en diarios lo que Dios nos ha ido diciendo a Jim y a mí, y lo he buscado diligentemente para saber qué debíamos hacer en grandes o pequeñas cuestiones. He escrito exactamente lo que Él decía y el método que utilizaba para hablarnos. Los diarios están surcados por estos registros porque nosotros no sabemos lo que es mejor para nosotros. Yo no sé qué invitaciones para enseñar la Palabra de Dios debo aceptar y cuáles debo rechazar. No sabemos cuál es el mejor lugar para pasar nuestras vacaciones. No siempre tengo sabiduría para manejar una situación difícil respecto a problemas de relaciones personales. Pero gracias a Dios, Él sí lo sabe. Y Él prometió darme esa sabiduría (Santiago 1:5).

En Juan 8:28, Jesús dice: "Nada hago por mí mismo, sino que según me enseñó el Padre, así hablo". En el versículo 38 también dice: "Yo hablo lo que he visto cerca del Padre". Él esperó hasta haber visto y oído antes de actuar.

Muchos cristianos se dan por vencidos tras algunos minutos de esperar en la presencia de Dios por alguna respuesta. ¡Es patético! Es por eso que la Iglesia cristiana está relativamente tan impotente y carente de poder, y refleja una imagen distorsionada de Jesús: porque ellos mismos son la explicación de lo que ocurre en sus vidas.

Estoy profundamente convencida de que el pecado de soberbia es hoy uno de los mayores pecados del cuerpo de Cristo. Demora el cumplimiento de los designios eternos en la Tierra y, en última instancia, demora la venida del Reino. Me entristece profundamente este pecado, y por lo tanto, es en mi vida el principal tema de intercesión por el cuerpo de Cristo de todo el mundo para poder verlo como Dios lo ve.

¿Sabe usted lo que David dice respecto a este tema? Lo leemos en el Salmo 19. David era un poderoso hombre de Dios y un líder extraordinario, como ya sabemos, pero uno de sus mayores pecados fue el de la soberbia. Al estudiar su vida, encontramos que en varias ocasiones se produjeron resultados devastadores a causa de este pecado. En el Salmo 19, versículo 13, David clama: "Preserva también a tu siervo de las soberbias; que no se enseñoreen de mí; entonces seré íntegro, y estaré limpio de gran rebelión". Avanzada su vida tuvo la revelación de cómo es el pecado de soberbia desde la perspectiva de Dios. Que nosotros tengamos la misma revelación.

Muchas veces, debido al llamado de Dios sobre mi vida, paso más tiempo rodeada de líderes espirituales que de cualquier otro tipo de gente, además de mi familia. Y de toda esa experiencia de vida, puedo decir que éste debería ser el clamor de los corazones de los líderes espirituales: "Preserva también a tu siervo de las soberbias; que no se enseñoreen de mí; entonces seré íntegro, y estaré limpio de gran rebelión". He visto los estragos que siguen a la reiteración de este pecado.

En muchas ocasiones, líderes espirituales acuden a mí por consejo, ya que ésta es una de las partes principales del ministerio que Dios me ha dado. Una y otra vez, cuando me comparten sus problemas y sus perplejidades, mi primera pregunta es: "¿Has buscado al

Señor hasta que supiste con seguridad que te había respondido, antes de actuar en esa circunstancia en particular?". Si estoy con una pareja casada, pregunto si la esposa puede relatar un caso de guía divina que sea tan fuerte y clara como la del esposo. En la mayoría de los casos, he encontrado que no pueden dar una respuesta afirmativa. El pecado de soberbia estaba en la raíz de los problemas... deudas, frustraciones, insatisfacción, y mucha perplejidad.

Recuerdo un querido hombre de Dios que una vez vino a mí y me dijo: "Los seis años durante los cuales trabajé en una iglesia muy reconocida fueron mis peores años como servidor de Cristo. No entiendo por qué".

Yo sabía que él no tenía un espíritu de crítica. Sabía que el pastor de aquella iglesia era un extraordinario hombre de Dios. Sabía que esa iglesia era muy usada por Dios internacionalmente. Le dije: "¿Te habló Dios en alguna forma definida y segura como para que puedas decir 'Dios me reveló esto a mí', antes de que aceptaras el ofrecimiento para trabajar allí?".

Él dijo: "No".

Le respondí: "¿Sobre qué fundamentaste tu decisión para aceptar esa gran responsabilidad ministerial?"

"El pastor me lo pidió." El hombre no había buscado a Dios para responder.

Hay en el Salmo 62:5 una poderosa exhortación que nos dice qué hacer en momentos como ése: "Alma mía, en Dios solamente reposa, porque de él es mi esperanza". Otro de mis versículos favoritos es

Miqueas 7:7: "Mas yo a Jehová miraré, esperaré al Dios de mi salvación; el Dios mío me oirá". Hasta que tengamos la humildad y la fe suficientes para buscar a Dios y oír sus respuestas acerca de las sugerencias que los hombres nos hacen, veremos a Dios llorar con un corazón decepcionado.

> "Pero mi pueblo no oyó mi voz, e Israel no me quiso a mí. Los dejé, por tanto, a la dureza de su corazón; caminaron en sus propios consejos. ¡Oh, si me hubiera oído mi pueblo, si en mis caminos hubiera andado Israel!"
>
> —Salmos 81:11–13

En Marcos 1:35, leemos que Jesús se levantaba mucho antes del amanecer para buscar el rostro del Padre. El día precedente había estado lleno de poderosos milagros, de sanidades y liberaciones de demonios. Jesús enseñaba tanto en las sinagogas como afuera, donde estaba el pueblo. El versículo 33 dice: "y toda la ciudad se agolpó a la puerta" y lo escuchaba. A pesar de lo impresionante que era su ministerio, Jesús no dio por descontado lo que haría al día siguiente o a dónde iría. Él esperaba a que Dios le diera sus órdenes y recurría a su comunión con el Padre para obtener la fortaleza necesaria para llevar adelante al día siguiente la misión de enseñar a las multitudes y ayudar a los necesitados (versículos 38-45).

Esperar en Dios Padre era un estilo de vida. No hacía suposiciones. Esto también demuestra que las prioridades de Jesús estaban en el orden correcto. Nunca permitió que el tiempo que pasaba con la gente se antepusiera al tiempo que pasaba con el Padre. ¡Qué modelo! ¡Qué desafío!

3. La humildad de Jesús en su obediencia al Padre.

En Juan 8:29, leemos que Jesús dijo: "Yo hago siempre lo que le agrada". Una cosa es buscar a Dios y oír su voz para saber lo que debemos hacer, pero otra muy diferente es obedecerle. ¿Sabe usted cuál es el estándar de obediencia bíblica? Tiene tres partes. Espero que usted nunca lo olvide. La obediencia bíblica es obediencia instantánea, sin demoras. La obediencia retrasada es desobediencia. Luego, la obediencia bíblica es obediencia total, no parcial. En tercer lugar, la obediencia debe hacerse con gozo y alabanza en nuestros labios, no quejándose. De manera que es instantánea, total y gozosa.

Podemos estar en la posición correcta, estar en la voluntad de Dios en donde Él nos dijo que estuviéramos, pero en una condición equivocada; como el pueblo de Israel. Él les dijo: "Vayan al desierto". Ellos fueron al desierto. Pero ¿cuál es el relato de su comportamiento en él? De murmuración e incredulidad. Estaban en la posición correcta, pero con la actitud equivocada.

Jesús nunca aceptó alabanzas de hombres

¡Oh, me encanta esto! Jesús dijo: "Gloria de los hombres no recibo" (Juan 5:41). ¿Por qué? Él no podía recibirla y ser coherente, porque el Padre era la única explicación de lo que ocurría por medio del Hijo. Y cuando usted y yo vivimos esta clase de vida, rindiéndonos a Él en sumisión, dependencia, obediencia y fe, buscándolo para conocer su voluntad hasta que la escuchemos de Él, Dios es la única explicación posible de lo que ocurre en nosotros y a través de nosotros.

Otro camino para nosotros sería hacer lo que nos parece, viviendo independientemente de la vida de Jesús en nosotros, tomando decisiones según nuestro propio parecer y dependiendo de nuestra propia visión. Eso significaría que nos adjudicaríamos el crédito de lo que ocurriera a través de nosotros. Pero también significaría que aquello carecería de contenido espiritual. La otra alternativa es confiar en el Señor Jesús en todo y luego arrogarse el mérito, lo que sería "tomar la gloria para nosotros mismos". ¡Eso es detestable! En Proverbios 6:16, Dios lista siete cosas que son abominación para Él. La primera de la lista es el orgullo. Así que lo más abominable que podemos hacer es cometer el pecado de orgullo.

¡Esta clase de orgullo es totalmente ilógica! Si usted ha quedado convencido al comenzar el día de que no puede hacer nada espiritual por sus propios medios y que Jesús es el único que puede hacerlo a través de usted... ¿quién debe, lógicamente, tomar la gloria cuando Él viene? Usemos el músculo llamado cerebro. Es tan simple como que dos más dos son cuatro. ¿De quién es la gloria? De Jesús. Y también es ilógico querer apropiarse de esa gloria, porque Dios dice en Isaías 42:8: "A otro no daré mi gloria". Y en Malaquías 2:1-2 hay una fuerte advertencia que dice: "Ahora, pues, oh sacerdotes, para vosotros es este mandamiento. Si no oyereis, y si no decidís de corazón dar gloria a mi nombre, ha dicho Jehová de los ejércitos, enviaré maldición sobre vosotros, y maldeciré vuestras bendiciones; y aun las he maldecido, porque no os habéis decidido de corazón". Le aseguro que yo no quisiera estar en esa categoría.

Este sería un momento oportuno para examinarnos objetivamente. Pida al Espíritu Santo que le revele toda área de su vida en la que usted, adrede o sin querer, haya dejado de reconocer ante Dios y/o ante otros que toda cosa espiritual que haya sucedido a través de su persona es atribuible exclusivamente a que Jesucristo vive en usted.

Volvamos a Jesucristo. En Juan 14:10, Él dice: "¿No crees que yo soy en el Padre, y el Padre en mí? Las palabras que yo os hablo, no las hablo por mi propia cuenta, sino que el Padre que mora en mí, Él hace las obras". Este maravilloso Hijo de Dios no conocía la presunción ni la frustración. Como consecuencia de ello, llevaba una vida que generaba coordinación y completa realización. ¿Cuántos cristianos frustrados encontramos hoy, que dan a otros una imagen distorsionada del carácter de Dios? Piénselo.

Tengo una respuesta para todo esto. En mi catálogo de cintas de audio, figura la grabación de un mensaje que es una de las enseñanzas más importantes que Dios me ha dado. Puede comprarlo por medio de Juventud con una Misión de Los Ángeles, California. El título es: "What to Do When Things Go Wrong" ("Qué hacer cuando las cosas van mal"). Si jamás en su vida usted tuvo un día en el que las cosas le salieran mal, bueno, deberíamos ponerlo en un museo para mirarlo y preservarlo.

Yo puedo recordar vívidamente (jamás lo olvidaré mientras viva) el día en que cayó sobre mí una sucesión ininterrumpida de presiones sorprendentes, ilógicas e inevitables, que siguieron y siguieron, sin darme tregua.

Al mediodía, caí de rodillas y supliqué: "Señor, ¿qué es lo que estás queriendo enseñarme?". Él respondió instantáneamente: "Te estoy probando para ver cómo reaccionas bajo presión". En aquellos días, no tenía idea alguna de la clase de presión con la que tendría que convivir con un ministerio de enseñanza con viajes internacionales: escritura de libros, consejería, más todo lo que conlleva el ser esposa, madre y abuela y tener que manejar una casa, para mencionar sólo algunas de las responsabilidades.

Respondí: "Oh, muchas gracias. Entonces, puedo esperar que esto siga durante todo el día, y recibiré tu gracia". Aquellas presiones implacables e inesperadas no desaparecieron en todo ese día y continuaron a la noche. ¡Fue algo muy particular! Pero yo sabía qué era lo que estaba sucediendo. Lo sabía, porque le había hecho a Dios lo que he dado en llamar "la pregunta del millón de dólares": "¿Qué estás tratando de enseñarme?".

Cuando hay falta de coordinación, o pasan cosas que no entendemos, y las circunstancias se ponen difíciles, DETÉNGASE, hágale a Dios esa pregunta, y siga buscándolo hasta que Él le responda. Él comenzará a darle respuestas. A mí me dio muchas respuestas porque hice de esto un estilo de vida. Dios ama recompensar a quienes lo buscan diligentemente.

Durante la Segunda Guerra Mundial, la Fuerza Aérea de Nueva Zelanda tenía un dicho para sus aviadores. Era: "Tírense sin miramientos". Claro, ése puede ser un excelente eslogan para una situación de guerra, pero no debe ser un eslogan para los cristianos cuando las cosas andan mal y no coordinan. Algunos cristianos le agregarían al eslogan: "Tírense sin miramientos y alábenlo". Eso es mejor que no alabarlo nada, pero tampoco es la respuesta correcta.

Alabar a Dios, aunque es tan importante, no es necesariamente la respuesta completa. Debemos detenernos y esperar en Dios. Luego de alabar a Dios deberíamos preguntarle: "¿Qué es lo que estás tratando de enseñarme?". Como resultado de haber practicado ese mensaje la mayor parte de mi vida, he escrito un libro llamado *Forever Ruined for the Ordinary: The Adventure of Hearing and Obeying God's Voice* (Termine para siempre con la rutina: La aventura de oír y obedecer la voz de Dios). En él comparto treinta y dos razones por las cuales Dios puede retrasar las respuestas a nuestras plegarias. Ahora, ¿cómo aprendí eso? No lo logré leyendo libros. Todo ese libro vino de la historia de mi vida al caminar con Jesús, queriendo ser más como Él, y esperando en Él como estilo de vida.

En lugar de estar frustrada, al esperar en Él y buscarlo persistentemente, aprendí que, a su tiempo, Él nos hará entender. Recuerde: Jesús es nuestro modelo. Y en Juan 20:21 dice: "Como me envió el Padre, así también yo os envío".

Puede ser que usted piense: "Bueno, Joy Dawson, todo eso está muy bien para usted; usted parece oír fácilmente la voz de Dios, pero para mí no es tan fácil. ¿Cómo puedo hacer para oír a Dios?". Lo entiendo. Quizás usted diga: "Haría cualquier cosa que Dios me diga, si tan sólo supiera cómo oír su voz". Eso es exactamente lo que le dije a Dios hace más de cincuenta años. Y luego me arrodillé junto a mi cama en mi casita de Nueva Zelanda (donde vivía en aquel momento) y le dije a Dios: "No sé cómo oír tu voz, pero sí sé lo que has dicho: 'Mis ovejas oyen mi voz, y yo las conozco, y me siguen' así que supongo que me enseñarás cómo hacerlo".

A medida que lo seguí buscando para entenderlo con todo mi corazón, Él mismo me fue enseñando. Jamás, en estos cincuenta años, hubiese soñado que algún día enseñaría yo misma en cada continente del mundo cómo escuchar la voz de Dios ni que escribiría un libro llamado *Forever Ruined for the Ordinary: The Adventure of Hearing and Obeying God's Voice* (Termine para siempre con la rutina: La aventura de oír y obedecer la voz de Dios). En ese libro comparto que hay veinticuatro formas en que Dios comunica su modo de pensar y sus sentimientos a sus hijos.

Como Jesús siempre fue humilde, sumiso, dependiente y buscó conocer la voluntad del Padre hasta poder escucharla, y obedeció totalmente, pudo moverse siempre en absoluta fe.

Leemos en Juan 5:17 lo que Jesús les dice: "Mi Padre hasta ahora trabaja, y yo trabajo".

Jesús no se impresiona demasiado por lo que podamos hacer en obediencia a Él, ya sea que vayamos a la China y nos entreguemos por completo a ministrar a la iglesia subterránea, o que lavemos platos o cambiemos los pañales de un bebé, o que resucitemos muertos. Nada de esto es gran cosa. Lo realmente grande es el Único que dirige todo.

Cuando llegamos a captar ese concepto, obedecemos con gozo, instantánea y completamente, por ser Quién es el que habla. Entonces podremos decir: "Oh, mi Padre hasta ahora trabaja, y yo trabajo".

4. La humildad de Jesús también se expresaba en su vida de oración.

¿Por qué me concentro tanto en enseñar sobre la humildad de Jesús? Porque ésa es la clave de su vida. Y es la clave para la vida de usted y la mía. La soberbia es nuestro mayor pecado. ¡La humildad es nuestra mayor necesidad!

En el libro que escribí titulado *Intercession, Thrilling and Fulfilling* (Intercesión, emoción y plenitud), dediqué el mejor y último capítulo a la vida de oración del Señor Jesucristo. Nada que se haya escrito jamás ha desafiado tanto mi vida de oración como lo que descubrí al estudiar en detalle cada momento en que se registró que Jesús oraba. Siempre me siento totalmente impelida a superarme al leer sobre su vida de oración, porque eso es lo que hizo de su maravillosa vida un ministerio tan efectivo.

¿Alguna vez se ha preguntado por qué los discípulos no le decían a Jesús: "Oh, Maestro, enséñanos a liderar"? Él era el mejor líder. ¿Por qué no le decían: "Enséñanos a enseñar"? Él era el mejor maestro. ¿Por qué no le decían: "Enséñanos a administrar"? Enfrentémoslo: ¡Él sabía trabajar con otros! ¿Por qué sólo le dijeron: "Maestro, enséñanos a orar"? Porque veían que para Él, ningún tiempo dedicado al hombre era más importante que el tiempo con el Padre. Ellos comenzaron a ver la conexión entre el poder que había en su ministerio y su vida de oración. ¿Sabe usted que su ministerio y el mío sólo pueden llegar a ser tan poderosos como lo sea nuestra vida de oración?

Nuestra mayor necesidad no es que otras personas nos impongan las manos y oren por nosotros para que seamos investidos del poder del Espíritu Santo para ministrar. No lo critico. Eso tiene un tiempo y un lugar. No lo desprecio en absoluto.

Pero aunque hiciéramos colas de una hora para que alguien nos impusiera las manos para recibir mayor poder en la oración si creyéramos que con eso lo conseguiríamos; Jesús nos está esperando para disciplinar nuestras vidas y que digamos: "Observando la vida de Jesús veo que Él se tomaba regularmente un tiempo especial para apartarse y estar con el Padre, para mantener una comunión íntima con Él y para interceder por otros".

¿Qué es la oración? ¿Por qué es tan importante, y qué relación hay entre la oración y la humildad? La oración es invitar a Jesús a introducirse en una situación y cambiarla de algo natural a algo sobrenatural, de manera que Él pueda obtener toda la gloria. Es así de simple.

Entonces, si no vivimos de esa manera, Él no puede llevarse la gloria. ¿Se da cuenta usted de que la oración demuestra nuestra dependencia de Dios? ¡Oh! Podemos decir que sí dependemos de Él. ¡Eso no necesariamente significa algo! La prueba de que realmente lo necesitamos con desesperación es que siempre le estemos pidiendo que venga y cambie las circunstancias de lo natural a lo sobrenatural. Así que ¿cuál es la base de la vida sin oración? La soberbia. La vida sin oración dice: "No te necesito".

5. La humildad de Jesús también se manifiesta en el gran énfasis que ponía en la simplicidad y la frecuencia con que utilizaba a los niños para ilustrarla.

Cuando escribí mi libro *Influencing Children to Become World Changers* (Influenciar a los niños para que se transformen en agentes de cambio), aprendí el tremendo valor que Jesús asignó a los niños y cuán especialmente los usó a ellos, no a los adultos, para explicar la humildad y la simplicidad. Él reconocía gran fe en algunos adultos, pero cuando se trataba de simplicidad y humildad, siempre repetía: "Miren a los niños". Éstas son algunas referencias de las Escrituras: Mateo 18:1–3; 19:13–15; Marcos 9:33–37; Lucas 9:46–48.

Jesús no sólo asignaba un enorme valor a los niños, sino que también se preocupaba profundamente por ellos. Expresó los juicios más severos sobre quienes hicieran tropezar a los niños, con una advertencia contra quienes los despreciaran.

En Mateo 18:6, leemos: "Y cualquiera que haga tropezar a alguno de estos pequeños que creen en mí, mejor le fuera que se le colgase al cuello una piedra de molino de asno, y que se le hundiese en lo profundo del mar". ¡La advertencia no podría ser más horrenda!

Luego, en el versículo 10, Jesús advierte contra menospreciar a los niños. Podemos hacer tropezar a los pequeños con nuestro mal comportamiento, que distorsiona su comprensión de cómo es Dios. ¿Entendemos realmente el peso de estas implicaciones?

Cuando Jim y yo estábamos criando a nuestros hijos, John y Jill, y luego con nuestros seis nietos y bisnietos, si hacíamos o decíamos algo que nos dábamos cuenta que podría darles una imagen distorsionada del carácter de Dios, hacíamos todo lo posible por enmendarlo. Decíamos: "Lo que hicimos o dijimos, no deberíamos haberlo hecho, porque no queremos que pienses que Dios es de ese modo. Así que te pedimos que nos perdones". ¡Cuán importante fue y es eso!

Lamentablemente, hubo momentos al criar a nuestros hijos en los que actuamos mal por ignorancia. Sólo más tarde, al mirar atrás, después de varios años, nos dimos cuenta de que deberíamos haber actuado de otra manera. Tan pronto como nos dimos cuenta de esto, les pedimos perdón. Mejor tarde que nunca. Aquí les muestro un ejemplo.

Cuando nuestro hijo John tenía dieciséis años, estaba muy influenciado por la revolución hippie y quería usar el cabello largo. Eso no resultaba aceptable para nosotros por entonces. Y como mi esposo Jim y yo siempre habíamos sido los peluqueros de John, Jim insistió en que el cabello de John fuera cortado. Esto fue emocionalmente muy doloroso para John. Algunos años más tarde, cuando el Espíritu Santo nos reveló que habíamos estado más preocupados por nuestra reputación por la apariencia de John que por el hecho de que nuestra decisión pudiera herir el espíritu de nuestro adolescente, lo compartimos abiertamente con él y le pedimos que nos perdonara.

En otra ocasión, recuerdo con mucha vergüenza, estaba sobrepasando (indebidamente) el límite de velocidad permitido, cuando John (que tenía unos doce años) habló desde el asiento de atrás, advirtiéndome que estaba conduciendo demasiado rápido. En lugar de disminuir la velocidad, le respondí que si quería podía salir del auto y seguir a pie. ¡Qué grosería! Muchos años más tarde, cuando estaba escribiendo mi primer libro, *Amistad íntima con Dios: cuando el temor de Dios está presente en nuestras vidas,* compartí cómo la falta de temor de Dios solía emerger en mí, especialmente al conducir quebrantando el límite de velocidad. Lo compartí cuando hice un estudio profundo de la Palabra de Dios sobre el temor del Señor, y descubrí en Proverbios 8:13 qué significa *odiar* el pecado. Eso significaba que yo debía odiar quebrantar la ley. Y vino a mí, a medida que apliqué el temor de Dios a cada área de mi vida.

Entonces el Espíritu Santo me recordó el incidente anterior con John, que había sucedido muchos años atrás. Me arrepentí profundamente y le pedí perdón a John. Nunca es tarde para humillarnos. Me duele cada vez que pienso en ese horrible fracaso en representar a Jesús frente a mi hijo.

Jesús enseñó y vivió la humildad como la clave para tener paz en nuestro espíritu y para ser capaces de sobrellevar la presión de nuestras responsabilidades.

En Mateo 11:28–30, leemos esto: "Venid a mí todos los que estáis trabajados y cargados, y yo os haré descansar. Llevad mi yugo sobre vosotros, y aprended de mí, que soy manso y humilde de corazón; y hallaréis descanso para vuestras almas; porque mi yugo es fácil, y ligera mi carga". Corolario: ¿Cómo manejamos la presión? Apretando el pedal de la humildad.

Esa verdad posiblemente sea para muchos un enfoque completamente nuevo sobre cómo lidiar con el estrés. Piense en todos los libros que se han escrito sobre cómo manejar el estrés. Lo sé. Tengo muchos de ellos en la biblioteca de mi casa, que nos enviaron personas que escribieron sobre esos temas.

Pero Jesús lo condensaba todo en una sola cosa, típicamente suya, una simple declaración. Jesús tenía un profundo entendimiento de lo que era el estrés. ¿Alguna vez se ha puesto a pensar en el increíble programa de actividades que tenía Jesús, organizado día tras día por el Padre? Y sin embargo nosotros nunca, jamás sentimos ni un poquito de estrés con el Hijo de Dios, sean cuales fueren las enormes presiones y responsabilidades.

Nada es más estresante que multitudes de personas empujando y presionando sobre nosotros. Tan así era, que Jesús y sus discípulos, a veces, ni siquiera tenían tiempo para comer. Y sin embargo Jesús siempre estaba relajado, controlado, calmado. ¿Cómo hacía? Él nos da la respuesta: "Llevad mi yugo sobre vosotros, y aprended de mí". No dice: "Porque puedo darte diez claves para que puedas manejar el estrés". Dice: "El secreto es la humildad".

¿Está usted sobrecargado? Diga: "Jesús, muéstrame mi soberbia —la soberbia de no depender de Ti—, el pecado de soberbia de no haber esperado a tener tu dirección. O quizás me he querido hacer cargo de demasiadas cosas". Sea lo que fuere, sólo pídale al Señor que le revele en qué áreas necesita humildad para mitigar el estrés.

Capítulo tres

JESÚS FUE SIEMPRE FRANCO Y TRANSPARENTE

La tercera característica de Jesús en su ministerio es la transparencia y la franqueza en todas sus comunicaciones. La vida de Jesús en la Tierra fue la personificación de la verdad, la santidad y el amor. Valoro profundamente la franqueza de su personalidad, que acompañaba la forma en que Él manifestaba esas características.

Jesús jamás eludía a quien quisiera preguntarle la verdad sobre Él mismo. Su vida fue un libro abierto, sin absolutamente nada que ocultar. De hecho, le costó la vida decir que Él era el Hijo de Dios.

Del libro *The Life of Christ in Stereo* (La vida de Cristo en estéreo), compartiré con ustedes el momento en que Jesús era sometido a interrogatorio, en Juan 18:19-23:

"Y el sumo sacerdote preguntó a Jesús acerca de sus discípulos y de su doctrina. Jesús le respondió: Yo públicamente he hablado al mundo; siempre he enseñado en la sinagoga y en el templo, donde se reúnen todos los judíos, y nada he hablado en oculto. ¿Por qué me preguntas a mí? Pregunta a los que han oído, qué les haya yo hablado; he aquí, ellos saben lo que yo he dicho".

Esa respuesta tan directa provocó una reprensión por parte del oficial: "¿Así respondes al sumo sacerdote?". Jesús de nuevo respondió directamente: "Si he hablado mal, testifica en qué está el mal; y si bien, ¿por qué me golpeas?".[1] En otras palabras: "Mi vida es un libro abierto".

Me pregunto si nuestro propio testimonio será así. ¿Podremos nosotros decir: "No tengo miedo de ser cuestionado, porque sólo me dedico a hablar la verdad"?. Eso significa que soy libre. Jesús dijo: "Conoceréis la verdad, y la verdad os hará libres" (Juan 8:23). Y si nos comprometemos a decir sólo la verdad, no tendremos que estar inventando excusas. ¡Eso haría libre a mucha gente! ¿Son nuestras vidas como un libro abierto de manera que no nos preocupe lo que la gente nos pueda preguntar? Así es como yo he elegido vivir.

Si no tenemos nada que ocultar, siempre podremos enfrentar interrogatorios. Si nos comprometemos a decir sólo la verdad al 100 por ciento, sabemos que tenemos al Dios Todopoderoso respaldándonos, y podremos hablar siempre con autoridad y sabiduría.

Así ocurrió con Esteban, cuando fue confrontado con tanta oposición: "Pero no podían resistir a la sabiduría y al Espíritu con que hablaba" (Hechos 6:10).

Ahora bien, eso no significa que tengamos que responder preguntas de todo el mundo, porque Jesús tampoco lo hizo. En ocasiones, la respuesta más sabia es el silencio. Así ocurrió cuando Pilato le preguntó a Jesús por qué no se defendía cuando los principales sacerdotes lo acusaban de muchas cosas. Aquello hizo que Pilato se maravillara (vea Marcos 15:3-5).

La Palabra de Dios dice también: "La gracia y la verdad vinieron por medio de Jesucristo" (Juan 1:17). No alcanza con que hablemos la verdad; debemos hacerlo con gracia. Y en Colosenses 4:6 se nos dice que hablemos siempre con gracia, sazonando nuestra palabra con sal. Eso describe exactamente la forma en que Jesús hablaba. No había nada insípido en sus palabras.

Jesús no podía tolerar la hipocresía de ningún tipo, especialmente en el liderazgo espiritual.

Nada enojaba a Jesús tanto como la hipocresía. Mostraba un odio santo hacia ella. En Hechos 1:1 Lucas dice: "En el primer tratado, oh Teófilo, hablé acerca de todas las cosas que Jesús comenzó a hacer y a enseñar". De manera que no debemos enseñar algo que no hayamos hecho como estilo de vida. ¡Sería falso! Por muy desenvuelto que se pueda ser para comunicar la verdad, allí no hay unción. No hay autoridad. Podremos citar cualquier cantidad de versículos bíblicos, y estar hablando con la verdad, pero no tendremos autoridad si no hemos vivido esas verdades. La hipocresía es dar la impresión de que somos algo que en realidad no somos. La gente cree que si está hablando la verdad y citando la Palabra, la está viviendo.

Quisiera que usted escribiera algo y espero que nunca, jamás, lo olvide: *Conocer la verdad no es suficiente. Tenemos que vivir la verdad para estar en la verdad. Sólo si vivimos la verdad, cuando la enseñemos, hará que Dios suelte su autoridad sobre nuestra enseñanza, lo que a su vez hará que otras vidas reciban la verdad y actúen conforme a ella.*

Hay una cosa que caracterizó el modelo de Jesús en su ministerio de enseñanza apartándolo y distinguiéndolo de todos los otros maestros de su tiempo. La Biblia dice que Él enseñaba con autoridad, lo que lo distinguía de los escribas. Ellos enseñaban las verdades del Antiguo Testamento pero no las vivían. No tenían autoridad. Pero la gente se daba cuenta cuando ese hombre Jesús hablaba; Él podía citar los mismos versículos o verdades del Antiguo Testamento, y tenía autoridad. No necesitamos orar por libertad cuando hablamos. No necesariamente debemos orar por un don de comunicación. Por lo que sí debemos orar siempre es por autoridad al hablar. Dios siempre responderá esa oración, si estamos viviendo las verdades que estamos compartiendo, y fuimos oportunamente enviados por Él.

Recuerdo haber estado asociada con mis queridos amigos Loren Cunningham, fundador de Juventud con una Misión, y Campbell McAlpine, un reconocido maestro de la Biblia, de Inglaterra. Ambos son maravillosos hombres de Dios. Los tres tuvimos la responsabilidad de trabajar en equipo en diferentes países, durante varias semanas, dando simultáneamente conferencias sobre liderazgo espiritual. Fue un gran privilegio haber podido trabajar con ellos. Teníamos una relación muy cercana y particular y aprendimos mucho unos de otros.

En cierta ocasión, estaba a punto de comenzar a hablar en una de las sesiones de la conferencia, cuando me volví hacia mi querido amigo Campbell y le dije: "No me siento bien preparada. Desearía haber tenido más tiempo para prepararme para dar este mensaje".

Él me dijo: "Joy, este mensaje, ¿es tu vida?".

Le respondí: "Sí, cada trocito de ella".

Él me dijo: "Entonces, estás preparada". Recuerdo la gran tranquilidad que vino a mi espíritu. Campbell entendía esta verdad. El mensaje era mi vida, de manera que podía hablar con autoridad por la gracia de Dios y por el poder capacitador del Espíritu Santo.

Mateo 10:26 dice: "Así que, no los temáis; porque nada hay encubierto, que no haya de ser manifestado; ni oculto, que no haya de saberse". Lucas 12:2 dice exactamente lo mismo. Esos dos versículos son de los más maravillosos que conozco en la Biblia. Sé lo que es temblar por dentro, en mi espíritu, y físicamente, en mi cuerpo, cuando pienso en sus implicaciones. "Nada hay encubierto, que no haya de ser manifestado; ni oculto, que no haya de saberse". ¿Lo cree? Si lo cree, cambiará la forma en que vive. Cambiará la forma en que actúa y en que habla.

En Mateo 23:27–28, leemos:

"¡Ay de vosotros, escribas y fariseos, hipócritas! porque sois semejantes a sepulcros blanqueados, que por fuera, a la verdad, se muestran hermosos, mas por dentro están llenos de huesos de muertos y de toda inmundicia. Así también vosotros por fuera, a la verdad, os mostráis justos a los hombres, pero por dentro estáis llenos de hipocresía e iniquidad".

¿Nos gustaría que nuestras relaciones familiares fueran conocidas por todos? ¿Cómo nos hablamos uno al otro esposo y esposa? ¿Cómo les hablamos a nuestros hijos? ¿Cómo les hablamos a nuestros padres? ¿Cómo les hablamos a nuestros hermanos y hermanas? ¿Cómo les hablamos a las personas que trabajan con nosotros?

¿Nos gustaría que se dieran a conocer nuestros pensamientos? Ya ha sucedido. Jesús escribió en el suelo con el dedo, cuando le trajeron a una mujer que había sido sorprendida en adulterio, y los pensamientos de los acusadores fueron expuestos. El rey Belsasar tuvo la sentencia sobre su vida escrita por el dedo de Dios en una pared, y a continuación murió bajo el juicio de Dios.

¿Somos conscientes de que Dios puede exponer en cualquier momento tanto nuestros pensamientos como nuestras palabras? Si no nos arrepentimos de nuestros pensamientos y relaciones pecaminosas aquí en la Tierra, ¿sabe dónde serán expuestos? En el tribunal de Cristo, donde todos puedan oírlas. Nos hacemos un favor a nosotros mismos si nos arrepentimos de todo lo que no queremos que sea expuesto públicamente, aquí o allá. La Biblia dice que lo que pensamos es lo que somos. Somos lo que Dios sabe que son nuestros pensamientos.

¿Cuán íntegros somos? Le daré una ilustración para mostrarle cómo podemos ser probados por Dios en relación con este asunto. Eran los Juegos Olímpicos de Montreal, en 1976. Habían venido mil ochocientas personas de todo el mundo, bajo el liderazgo de Juventud con una Misión, para testificar en las calles de Montreal durante los Juegos Olímpicos. Era el fin de semana anterior, y todas las personas que iban a testificar durante el evento se habían concentrado una semana antes para recibir enseñanza bajo el liderazgo de Juventud con una Misión.

Yo era una de las maestras de Biblia, y uno de los mensajes que Dios me había indicado era "La necesidad de ser investido de poder por el Espíritu Santo para testificar eficazmente". Era la noche anterior a mi presentación, muy tarde, y yo estaba en un remolque con Loren y Darlene Cunningham, los fundadores de JUCUM. Los tres estábamos intercediendo por las sesiones de enseñanza del día siguiente. Estábamos orando por las muchas almas que serían ganadas para Cristo en nuestra campaña.

Yo estaba arrodillada, orando por los perdidos que serían salvos y anhelaba que el Espíritu de Dios recogiera la cosecha de almas perdidas, cuando recibí convicción del Espíritu Santo. Tenía que tomar una decisión. Podía guardar silencio sobre aquello de lo cual Dios me estaba convenciendo, o podía decirlo frente a mis líderes. Elegí ser auténtica, y pronuncié estas palabras: "Oh, Dios, gracias por mostrarme mi corazón tal y como tú lo ves. No sabía, Dios, hasta ahora, que la carga por las almas perdidas que ha marcado mi vida ya no es lo que solía ser. Me estás mostrando que he permitido, no consciente, pero sí inconscientemente, que todo el peso de responsabilidad y el tiempo de preparación que conlleva el ministerio de enseñanza bíblica viajando alrededor del mundo se volvieran más fuertes que mi vida de evangelismo personal. Hace ya varios meses que no guío almas a Ti. Y a pesar de que testificar a los perdidos era mi estilo de vida, ahora veo que mis prioridades están desordenadas". Me arrepentí profundamente y derramé mi corazón ante Dios con un genuino quebrantamiento. No me importó lo que mis líderes pudieran pensar de mí.

Y luego dije: "Dios, haría lo que sea para volver a tener aquella carga por los perdidos, porque es obvio que la razón por la que no he estado testificando como forma de vida, en el mercado o dondequiera que haya estado en mis viajes, es porque ya no tengo la misma carga por su pérdida".

Sabía que Dios me había perdonado, pero para ser auténtica y para que mi desesperada oración fuese respondida, sabía que tenía que buscar a Dios para entender si había algo más que Él me estuviera pidiendo. Le dije: "Haré lo que sea. Lo que sea".

Él respondió rápidamente, diciendo: "Diles mañana a esas mil ochocientas personas exactamente lo que te acabo de mostrar. Debes ser abierta y mostrar tu quebranto frente a ellos". Accedí de inmediato.

Me levanté a la mañana siguiente y les dije exactamente lo que Dios me había dicho y agregué que estaba tan desesperada por volver a tener esa carga por los perdidos que haría cualquier cosa que Dios me pidiera para ser restaurada. Dije: "Humillarme ante Ti hoy es difícil, pero si eso es lo que se necesita, es un precio pequeño que debo pagar, porque no dejaré que Dios se aparte de mí hasta que restaure en mi vida esa urgente prioridad. Espero no ser engañada jamás pensando que el ministerio de enseñanza bíblica es más importante que mi vida de evangelismo personal". Y entonces, por la gracia y misericordia de Dios, pude dar el mensaje con autoridad.

¿Sabe lo que sucedió? Al mirar atrás, luego de haberme humillado ese día, me doy cuenta de que Dios no sólo me devolvió la carga que había tenido antes, sino que además la incrementó, porque el humillarse libera el poder del Espíritu Santo. Es una ley espiritual que vemos en toda la Palabra de Dios. Tengo un mensaje completo dedicado exclusivamente a este tema. ¿Cuán desesperados estamos por ser como Jesús, para quien alcanzar al perdido era un estilo de vida?

Luego de haber hablado en una iglesia sobre la importancia de ser auténtico, el pastor que me había invitado me dijo: "Joy, entiendo perfectamente lo que está diciendo sobre ser auténticos. Un domingo me levanté en mi iglesia para hablar de 1 Corintios 13, el capítulo sobre el amor. Sabía que Dios me había dirigido a leer esa porción de la Escritura. Supuse que debía hablar de eso, así que me había preparado para hacerlo. Comencé a leer, y cuando llegué al versículo que dice: "El amor es sufrido y es benigno", el Espíritu Santo me dijo: "Tú sueles ser impaciente con tu esposa". El pastor continuó: "Tenía que elegir en ese momento. Podría haber respondido en silencio: "Sí, Dios, me arrepentiré después", y seguir leyendo y luego dar el mensaje. O tenía la oportunidad de ser más auténtico."

Le pregunté: "¿Y qué hizo?".

Él me respondió: "Simplemente miré a la audiencia y les dije: 'Confieso que suelo ser impaciente con mi esposa. No es que no sea sensible ante esta falla de mi vida. Pero estoy cansado de hacerlo. Necesito un cambio en mi corazón y en mi vida en lo que concierne a este pecado'".

Él siguió: "Me di vuelta. No dije ni una palabra más a la audiencia. Me arrodillé frente a una enorme silla [la que estaba reservada para el pastor] y enterré mi rostro allí y derramé mi corazón luchando con Dios, mientras le decía: 'No te dejaré ir hasta que me traigas un profundo arrepentimiento'".

Entiendo por qué mi amigo pastor estaba luchando con Dios. Tuve que hacer lo mismo cuando Dios me convenció de pecado. El arrepentimiento es un cambio de forma de pensar, un cambio de corazón, y un cambio de vida respecto al pecado. Lo único que había tenido hasta entonces era un cambio en su mente.

El pastor me dijo que continuó buscando el rostro de Dios y dijo: "No voy a dejarte hasta que vengas". Y me explicó: "Joy, estuve allí unos treinta minutos, llorando totalmente quebrantado. Cuando comprendí que Dios me había escuchado y que mi corazón había sido cambiado y que tenía el temor de Dios en relación con ese pecado (que es odiarlo), pensé: 'Bueno, la iglesia se debe haber vaciado, pero, ¿y qué? Yo estoy cambiado'". Entonces dijo: "Cuando me levanté, no podía ver a nadie en sus asientos... porque estaban todos postrados en el suelo... llorando, totalmente quebrantados.

"Nadie se había ido. El Espíritu de Dios se había movido soberanamente en la iglesia, trayendo una profunda convicción de pecado a la congregación, y no tuve que predicar ni una sola palabra. Sólo tuve que ser auténtico. Ese domingo tuvimos el más profundo mover del Espíritu Santo. La gente estaba quebrantada, lloraba y se ponía a cuenta con Dios. Yo fui cambiado, y también ellos lo fueron. Toda la gloria al Señor". Creo que el tema está en claro.

Hay otra verdad importante que corre paralela a la que acabamos de compartir. Jesús dijo: "¡Ay del mundo por los tropiezos! porque es necesario que vengan tropiezos, pero ¡Ay de aquel hombre por quien viene el tropiezo!" (Mateo 18:7).

Jesús enseña aquí que tendremos que rendir cuentas ante Dios y que se requiere arrepentimiento de cada persona que pueda ser causa de tentación o de provocar que otro caiga en pecado. Podríamos estar haciendo justamente eso al repetir modelos de discursos que tienten a otros a perder frecuentemente la paciencia.

JESÚS TENÍA GRAN COMPASIÓN POR LA NECESIDAD Y EL SUFRIMIENTO HUMANOS

La compasión de Jesús quedó vívidamente demostrada en el enorme énfasis que puso en sanar a los enfermos y liberar a las personas atormentadas por espíritus malignos. Eso no sólo fue una parte integral de sus métodos de evangelismo, sino que además fue lo que les enseñó a hacer a sus discípulos (Mateo 10:8). La alimentación milagrosa de los miles hecha por Jesús, en las ocasiones registradas en los Evangelios, también demuestra su compasión y su preocupación por la necesidad humana.

Conozco a un activo evangelista que por años ha sido usado para atraer a miles de personas inconversas al reino de Dios. Luego, Dios le envió a alguien que le habló de buscar a Dios para sumar una nueva dimensión a su predicación del evangelio. Era simplemente actuar según los mismos principios con que Jesús lo hizo, que consistía en presentar abiertamente al Señor Jesús como sanador del cuerpo además de Salvador del alma. En otras palabras, haga de Jesús su modelo de evangelista. El Espíritu Santo le confirmó que esta palabra era del Señor, y la recibió humildemente.

Desde la primera vez que aplicó este aspecto adicional a su predicación del Evangelio, Dios confirmó su palabra con demostraciones de milagros. Y continuó incansablemente. Como resultado de ello, muchas más personas inconversas asisten a sus campañas y muchas más están entregando sus vidas a Cristo. La clave fue hacer de Jesús su modelo.

Sé de otros predicadores que se comprometieron de la misma manera y presentaron fielmente la verdad de Jesús como perdonador de todos nuestros pecados y sanador de todas nuestras enfermedades (Salmos 103:3). Pero fueron fuertemente probados. Pasaron meses antes de que el avance se manifestara en el despliegue de lo milagroso. Pero jamás dejaron de presentar el Evangelio como lo hacía Jesús, y a su tiempo, Él recompensó enormemente su fe y su obediencia.

Jesús tenía un corazón con carga por las personas, no sólo una mente llena de la verdad. Mateo 9:36 dice: "Y al ver las multitudes, tuvo compasión de ellas; porque estaban desamparadas y dispersas como ovejas que no tienen pastor".

Tengo un mensaje completo, que está disponible en mi catálogo de grabaciones, sobre "What It Means to Have a Burdened Heart for the Lost" (Qué significa tener un corazón con carga por los perdidos). ¿Qué implica eso? Sólo daré aquí un bosquejo básico, sin ninguna de las enseñanzas o ilustraciones.

Una persona con un corazón con carga por los perdidos está llena del amor que Dios tiene por ellos. Un corazón con carga por los perdidos intercede por ellos. Un corazón con carga por los perdidos se involucra personalmente en sus vidas. Un corazón con carga por los perdidos está dispuesto a dejar su vida, de ser necesario, por ellos.

Este mensaje es uno de los más poderosos que haya dado. Tengo también otro mensaje que lo sigue, que se titula: "How Do You Get a Burdened Heart for the Lost?" (¿Cómo puedo lograr un corazón con carga por los perdidos?). Y está en mi catálogo. Ambos pueden ser adquiridos por medio de Juventud con una Misión, 11141 Osborne Street, Lake View Terrace, California 91342, USA.

¿Cómo reaccionamos ante lo grotesco? Podemos decir: "Tengo compasión por los que sufren. Me acerco a cualquier persona, sin importar su condición". Les diré cómo me probó el Señor en este aspecto. Estaba en Calcuta, India, en uno de los muchos viajes ministeriales de enseñanza que he realizado a ese país. Estaba visitando el ministerio de la Madre Teresa. Iba caminando muy lentamente por las instalaciones de su ministerio, hablando a las monjas y a los necesitados, cuando sucedió. De repente, vi un despojo humano sentado en el piso. No tenía idea de si era hombre o mujer. No tenía ninguna característica que lo distinguiera. No le veía piernas. La cabeza, que estaba completamente rasurada, giraba en todas las direcciones. Y de su boca salían sonidos que parecían ladridos. Supuse que era un signo de posesión demoníaca.

He dicho y creído que "los amorosos brazos de Dios odian estar vacíos". He creído que Jesús tomaría en sus brazos a cualquier ser humano, de cualquier condición, si fuera movido por su Padre, y me he comprometido a ser como Jesús. La Biblia dice: "En el amor no hay temor, sino que el perfecto amor echa fuera el temor" (1 Juan 4:18). No tenía idea de cuál sería su reacción, mientras caminaba sola hacia ese individuo. Pero lo hice, sin temor alguno, con el amor de Dios que colmaba mi corazón por esta alma desesperadamente necesitada.

Me incliné y abracé suavemente a esta persona. Luego, la besé en ambas mejillas; seguí besando la parte superior de su cabeza mientras le decía en voz baja: "Jesús te ama. Jesús te ama. Yo te amo". Mientras repetía estas palabras con delicadeza, los ladridos cesaron, la cabeza dejó de girar, y una quietud con completa paz vino sobre este precioso individuo. Yo no sabía si él o ella entendía el lenguaje que le había hablado. Pero todos conocen el lenguaje del puro amor de Dios. Y sabía que el Espíritu Santo había ministrado ese lenguaje a través de mí a esa persona. El resultado fue el consuelo, la calma y la liberación de aquel tormento. El amor puro y ferviente de Dios es la fuerza más poderosa del universo. Y las fuerzas satánicas no pueden falsificarlo.

Capítulo cuatro

EL MINISTERIO DE ENSEÑANZA DE JESÚS

He reducido adrede el ministerio de enseñanza Jesús a tres simples conceptos porque creo que forman "lo esencial" y básico que puede ser explicado, entendido, memorizado y aplicado por niños tanto como por adultos. Quiero que estos tres conceptos ardan en su espíritu de manera que usted jamás los olvide y pueda repetirlos constantemente, así podrá (como yo lo hago) medir su vida por ellos.

EL PRIMER MENSAJE DE JESÚS FUE "ARREPIÉNTANSE"

"Desde entonces comenzó Jesús a predicar, y a decir: 'Arrepentíos, porque el reino de los cielos se ha acercado'" (Mateo 4:17). Como ya he escrito, pero vale la pena reiterar, la *confesión* es el primer paso hacia el arrepentimiento. Es un cambio en la forma de pensar respecto al pecado. Me pongo de acuerdo con el espíritu de convicción de Dios y lo reconozco.

Luego, necesitamos *un cambio de corazón*. Quiero ver este pecado como lo ve Dios, sentirlo como lo siente Él. Sólo a ese nivel puedo arrepentirme. Pido esa revelación con un deseo intenso y creo que Él responderá a mi súplica. No podemos tener un cambio en el corazón hasta que no veamos el pecado como Dios lo ve.

Algunas veces en mi vida he tenido que luchar con Dios como lo hizo Jacob y decirle: "No te dejaré, si no me bendices. No me levantaré hasta que me muestres lo que hay en mi corazón como Tú lo ves". Ha sido una de las experiencias más transformadoras y liberadoras de mi vida. Ya no volvemos a esos pecados una vez que los vimos como Dios los ve. Lloramos intensamente con un profundo quebrantamiento ante Dios. Es abrumador pero maravilloso, porque sabemos que sólo la llegada del Espíritu Santo puede producir este fenómeno espiritual.

El tercer aspecto del arrepentimiento es *un cambio de vida*. Pido temor de Dios, que implica odiar ese pecado que antes me encantaba. Por eso lo practicaba. Existen dos razones por las cuales pecamos. Una, elegimos hacerlo. Otra, porque nos gusta. Proverbios 8:13 dice: "El temor de Jehová es aborrecer el mal". De manera que cuanto más pidamos el temor del Señor y lo sigamos recibiendo por fe, más de él Dios nos dará. Usted podría decir: "¿Cómo puedo saber cuándo está actuando en mi vida el temor del Señor?".

Por su nueva actitud hacia ese pecado. En lugar de sentirse tentado por él, ahora lo odia. No practicamos las cosas que odiamos, a menos que seamos forzados por una autoridad superior.

He escrito un libro sobre este tema titulado *Amistad íntima con Dios: cuando el temor de Dios está presente en nuestras vidas.* Tiene dieciséis capítulos sobre cómo el temor del Señor afecta cada aspecto de nuestras vidas. Es el tema más cambiador de vidas que jamás haya estudiado, paralelo a estas series sobre la vida del Señor Jesús.

Después de que Juan el Bautista fue arrestado, Jesús siguió enseñando abiertamente sobre el arrepentimiento. En Marcos 1:15 leemos: "El tiempo se ha cumplido, y el reino de Dios se ha acercado; arrepentíos, y creed en el evangelio". Luego, en Marcos 6:12, de nuevo encontramos a Jesús diciendo a sus doce discípulos que enseñen el mensaje de arrepentimiento: "Y saliendo, predicaban que los hombres se arrepintiesen". Sólo Lucas, registra diez referencias de la enseñanza del Señor sobre el arrepentimiento.

Aumenta el significado e importancia que Jesús dio a esta enseñanza, el que lo volvamos a encontrar declarándola en Lucas 24:46-47. El contexto fue el del último mensaje que Jesús dio a sus discípulos antes de ascender al cielo. Él les dijo claramente que el principal propósito de su muerte y resurrección fue que el arrepentimiento y la remisión de pecados fueran predicados en su nombre a todas las naciones.

¿Cuánto hace que escuchó un mensaje completo sobre el arrepentimiento? ¿Cuánto hace, si usted es un líder espiritual o un maestro de la Biblia, que no enseña sobre el arrepentimiento? ¿Entiende la amplitud de las implicaciones del arrepentimiento bíblico? ¿Es un estilo de vida para usted? Era tan importante para Jesús que fue su primer mensaje.

¿Por qué el arrepentimiento fue el tema del primer, el intermedio y el último mensaje de Jesús? Creo que es porque el pecado no tratado dificulta nuestra amistad íntima con Dios, lo cual dificulta a su vez el logro de nuestra meta de ser conformados a la imagen de Cristo, lo cual por último dificulta que cumplamos nuestros destinos.

"SÍGUEME"

El segundo mensaje principal fue terriblemente simple. Era una palabra: "Sígueme". Esta palabra significa: "Mírame, escúchame, aprende de mí, entiéndeme y haz todo lo que yo hice en el poder del Espíritu Santo". En Juan 8:12, leemos: "Otra vez Jesús les habló, diciendo: Yo soy la luz del mundo; el que me sigue, no andará en tinieblas, sino que tendrá la luz de la vida". Seguir a Jesús es buscarlo, escucharlo, estudiarlo, estar a solas con Él, amarlo, obedecerlo, depender de Él y hacer de Él la única explicación de nuestras vidas.

¿Qué significa seguir a Jesús? Significa vivir en obediencia. ¿A qué? A la verdad revelada y a la guía del Espíritu Santo en las más pequeñas cosas. Puede preguntar a mis hijos, mi esposo y mis nietos. Todos mis familiares más cercanos le dirán que el secreto de mi vida como cristiana se resume en una oración:

hacer exactamente lo que Dios me dice que haga. No es complicado. Todas las maravillosas puertas de oportunidad que Dios me ha abierto para darlo a conocer internacionalmente, y han sido muchas, han venido a través de la obediencia constante a la verdad revelada y la guía del Espíritu Santo, aún en las cosas más pequeñas.

"VE Y DILO"

El último mensaje de Jesús fue: "Vayan y hagan discípulos en todas las naciones, enseñándoles que guarden todas las cosas que les he mandado" (Vea Mateo 28:19–20).

¿Cuál fue el mensaje continuo durante todo su ministerio? El arrepentimiento. ¿Cuál fue el segundo mensaje? "Síganme y obedézcanme" ¿Cuál fue el tercer mensaje? "Vayan y háblenles de Mí". Así de simple. ¿Cómo lo hemos hecho tan complicado? Por el orgullo y la incredulidad.

Cerraré este capítulo con un poderoso testimonio que oí cuando el Dr. Jack Hayford lo dio en una reunión a la que asistí. Él es hoy uno de los pastores más influyentes del mundo. Ha viajado por todos lados, y lo sigue haciendo, y ha escrito muchos libros. Él dijo que de joven, cuando comenzaba a asistir al Instituto Bíblico, sin saber cómo iría a ser su vida en el ministerio, participó de una convención sobre misiones.

El predicador de esa convención explicó que a cada discípulo del Señor Jesús, Él le había dado una orden

JESÚS EL MODELO

en Mateo 28:18-19: "Toda potestad me es dada en el cielo y en la tierra. Por tanto, id, y haced discípulos a todas las naciones, bautizándolos en el nombre del Padre, y del Hijo, y del Espíritu Santo".

Jack Hayford dijo: "Sabía en ese momento que nunca podría haber respondido a esa orden. Ponderé las implicaciones de lo que podría significar. Por primera vez en mi vida como un joven que se preparaba para el ministerio, sopesé las consecuencias de esta respuesta a Jesús. Podría significar que pasaría el resto de mi vida en algún país extranjero, lejos de mi familia y amigos y de toda comodidad. Tal vez tendría que aprender algún otro idioma".

Continuó: "No respondí rápidamente. Al fin, con lentitud pero muy conscientemente, caminé desde el fondo de esa convención de misiones, hacia el frente y dije: 'Jesús, te respondo que sí. Estoy dispuesto a ser enviado por Ti a cualquier lugar, en cualquier condición, en cualquier momento'".

Luego, siguió explicando que fue sólo después de ese compromiso que el Espíritu Santo le reveló muy claramente, un tiempo más tarde, que el ministerio de su vida sería ser un pastor en su propio país, los Estados Unidos. Él no sabía entonces que Dios lo enviaría como pastor desde ese país a muchas naciones del mundo y que pastores de todo el planeta vendrían a escucharlo enseñar las verdades de Dios desde su Palabra.

Por último, dijo: "Y nunca sabrán cómo será su vida de ministerio hasta que hayan respondido a la gran comisión tan seriamente como yo lo hice aquel día". ¡Ése es el punto que quiero enfatizar! Se comprende, ¿no es cierto? ¿Por qué Dios nos va a dar instrucciones para el llamado para nuestra vida si no hemos sido obedientes a esta orden fundamental?

Está bien. Volvamos a Jesús. Me encanta la pulsera que la gente usa con las palabras: "¿Qué haría Jesús?" escritas en ella. Eso va directamente al núcleo de cómo deberíamos actuar y reaccionar en cada situación. Y cuando se trata de evaluar el peso de lo que estamos compartiendo como maestros de la Biblia, deberíamos preguntarnos: "¿Qué enseñó Jesús?".

Jesús les dijo a sus amigos íntimos: "¿Queréis acaso iros también vosotros?". Me encanta la respuesta de Pedro, y es mi respuesta hoy: "Señor, ¿a quién iremos? Sólo tú tienes palabras de vida eterna" (Juan 6:67–68). Jesús había dicho antes: "Las palabras que yo os he hablado son espíritu y son vida" (versículo 63).

Nos hacemos el mayor favor a nosotros mismos al meditar en todo lo que Jesús dijo y moldear nuestras vidas y nuestra enseñanza de acuerdo con su ejemplo, porque "¡Jamás hombre alguno ha hablado como este hombre!" (Juan 7:46).

Nos hacemos un favor igual al permitir que el Espíritu Santo nos moldee a la imagen de este Ser exquisitamente bello, maravilloso, fabuloso, precioso, infinitamente sabio, asombrosamente santo, fuerte como un león, manso como un cordero, y totalmente justo. Él es al Único a quien daremos cuentas el día del juicio. En aquella formidable ocasión, Dios el Padre nos preguntará: "¿Qué hiciste con lo que Jesús te dijo? ¿Fue tu meta ser como Él?". Mi oración es que todo el que lea estas palabras no se avergüence cuando Él le haga estas preguntas.

APLICACIÓN DE ESTA ENSEÑANZA

1. Si sabe que Dios le ha hablado de una forma personal por medio de esta enseñanza, agradézcale y alábelo. Es un acto de humildad.

2. Marque las áreas en las que no llega a cumplir el estándar de la vida de Cristo, respecto a lo siguiente:

   - *Determinación y valor para llevar a cabo la tarea encomendada por el Padre.* ¿Se distrae usted fácilmente de esta meta personal?

   - *Humildad en la forma en que Él se relaciona con el Padre.*
     (a) Sumisión absoluta: ¿Puede decir, con toda honestidad: "la respuesta siempre será que sí a todo lo que el Señor me diga que haga"?
     (b) Dependencia absoluta: buscar hasta entender la dirección que el Padre quiere que tomemos en todas las cosas.

Jesús dijo: "Las palabras que yo os hablo, no las hablo por mi propia cuenta, sino que el Padre que mora en mí, él hace las obras". ¿Depende tanto del Espíritu Santo en todo momento que puede decir: "Sin ti nada puedo hacer" (que tenga significación espiritual)?

(c) Obediencia absoluta: no parcial, demorada ni quejosa.

(d) Tiene fe en todo momento en que el Padre está obrando, sin dudar.

• *Humildad puesta de relieve en las muchas referencias que hace a ser como un niño.*

• *La humildad es la clave para sobrellevar la presión de las responsabilidades.*

3. Jesús era transparente en todas sus comunicaciones. Exhibía un 100 por ciento de franqueza en todo momento.

4. Jesús carecía de toda hipocresía y mostraba que la odiaba.

5. Jesús tenía una gran compasión por la necesidad humana y se comprometía para ayudar al otro.

6. Jesús tenía sus prioridades en el orden correcto, como lo muestra su constante vida de oración.

7. ¿Cuál fue la característica distintiva del ministerio de enseñanza de Jesús?

8. ¿Cuáles fueron los tres énfasis primordiales de la enseñanza de Cristo?

9. Las siguientes tres cosas, como estilo de vida, ¿caracterizan su respuesta a la enseñanza de Jesús?

   • Arrepentirse de todo pecado conocido, incluyendo hacer restitución a otros.

   • Seguirlo estudiando su vida, aprendiendo de Él, obedeciéndolo y adorándolo como estilo de vida.

   • Responder a su mandato de ir por el mundo y predicar las buenas nuevas del Evangelio —a corto o a largo plazo, como Él lo guíe— y testificar a los perdidos como estilo de vida.

10. Es la meta de su vida ser más como Jesús, sometiéndose al control del Espíritu Santo? ¿Su estilo de vida es prueba de ello?

11. Finalmente, reconozca ante otro las áreas de su vida en las que se ha decidido a cambiar para poder cumplir su destino como cristiano. (Vea Romanos 8:28.) El orgullo es nuestro peor enemigo. La humildad es nuestra mayor necesidad. ¿Es usted capaz de proporcionar referencias bíblicas para las enseñanzas antes expresadas?

Capítulo cinco

JESÚS EL MODELO EN LA AMISTAD

Uno de los himnos más populares que es entonado por millones de hijos de Dios es "Oh, qué amigo nos es Cristo". Recibimos consuelo cada vez que lo cantamos. Fuimos creados para eso. Uno de los mayores propósitos para los que fuimos creados es que podamos experimentar una íntima relación con nuestro maravilloso Salvador, el Señor Jesús.

La buena noticia es que Él anhela que lo experimentemos como amigo en el nivel más profundo posible. La mala noticia es que muchos no hacen realidad su cumplimiento. ¿Podría deberse a que no nos hemos tomado tiempo para estudiar la faceta de Jesús como amigo en la Palabra de Dios? Cuanto más lo hago, más me fascina esta asombrosa persona.

Para comprenderlo como el supremo líder espiritual y al mismo tiempo como el amigo perfecto, tenemos que volver a las bases. Al venir a la Tierra y desenvolverse como el Hijo del hombre, Jesús nunca perdió de vista el hecho de que por naturaleza y por relación Él era el Hijo de Dios. Por tanto, su primera lealtad y responsabilidad fue hacia su Padre Dios. La firme prioridad de esa relación vertical fue la principal causa de la solidez que confería a sus relaciones horizontales. Nunca podemos dar a una relación terrenal una fuerza mayor que la solidez y profundidad de nuestra relación con el Altísimo. Jesús, el amigo modelo en la tierra, podía decir: "Yo hago siempre lo que le agrada (al Padre)" (Juan 8:29).

Esta verdad se evidenció tempranamente en su vida, desde niño. Después de haberlo buscado durante varios días, José y María finalmente lo encontraron sentado en el templo, hablando y haciendo preguntas a los líderes religiosos. Su respuesta a la pregunta de por qué había causado tal ansiedad simplemente fue: "¿Por qué me buscabais? ¿No sabíais que en los negocios de mi Padre me es necesario estar?" (Lucas 2:49).

Pablo comprendió el concepto de que así como en sus relaciones Jesús se concentraba especialmente en el Padre, también el principal foco de nuestras relaciones debe estar en Jesús. En 1 Corintios 7:23, leemos: "Por precio fuisteis comprados; no os hagáis esclavos de los hombres". Luego, el versículo 35 dice que debemos vivir "plenamente dedicados al Señor" (NVI).

Todas nuestras relaciones sufrirán a menos que pongamos y mantengamos al Señor Jesús como nuestra prioridad en la amistad. Mi libro *Amistad íntima con Dios* lo deja muy en claro. Las amistades dadas por Dios tienen un propósito divino. Uno de los propósitos es unir ministerios para la extensión del reino de Dios. Otro propósito es satisfacer necesidades de uno y de otro. La máxima ilustración de este punto fue en el huerto de Getsemaní cuando Jesús expresó su apremiante necesidad a Pedro, Jacobo y Juan: "Mi alma está muy triste, hasta la muerte; quedaos aquí y velad". (Marcos 14:34). Y en el versículo 37: "¿No has podido velar una hora?". Los amigos más íntimos de Jesús le fallaron en su momento de imperiosa necesidad al elegir dormir. Dios el Padre también le dio al Señor Jesús tres amigas muy cercanas cuando estuvo en la Tierra. Creo que lo eran su madre María, María de Betania y María Magdalena. Las tres desplegaron una devoción inusualmente fiel e intensa hacia su Maestro. Como Hijo del hombre, Jesús necesitaba amigos íntimos, tanto hombres como mujeres. Esta necesidad fue satisfecha por su Padre. Jesús no fue un ermitaño recluido, retirado de la sociedad.

Por lo tanto, también podemos esperar que Dios nos dé amistades íntimas elegidas por Él mientras vivamos.

¿Cómo las adquirimos? Le brindo las siete maneras siguientes, todos principios bíblicos:

- Tener la humildad de ver nuestra apremiante necesidad de tener amigos.

- Pedir a Dios que traiga amigos a nuestras vidas y creer que Él lo hará a su tiempo.

- Ser obedientes a la verdad revelada y a las iniciativas del Espíritu Santo como estilo de vida.

- Ser transparentemente sinceros con los amigos cuando Él nos los trae, y reconocer nuestra necesidad de aprender de ellos.

- Aceptar sus correcciones en amor cuando están confirmadas por el Espíritu Santo y son acordes a los principios de la Palabra de Dios.

- Ser para ellos un amigo fiel, leal, cariñoso, comprensivo, y comprometido.

- No revelar nunca confidencias que nos hayan compartido.

AHORA ENFOQUÉMONOS EN LA VIDA DE JESÚS

Cuanto más de cerca lo observamos a Él como amigo modelo, más encontramos que su vida está marcada por la pureza y la naturalidad. En todas las circunstancias, Jesús está completamente libre de ver- güenza o de torpeza, de timidez o de tensión. Después de todo, Él fue, y es, la encarnación de la VERDAD.

La Palabra de Dios nos dice que la verdad nos hace libres: libres para ser transparentes, sin nada que esconder; libres para que rápidamente nos "gocemos con los que se gozan, y lloremos con los que lloran" (Romanos 12:15).

Hay tres cosas importantes que debemos entender respecto a las amistades que Dios el Padre le dio a Jesús como Hijo del hombre:

1. Había categorías.

2. Había grados de intimidad en esas categorías.

3. Eran de ambos sexos.

Observemos la categoría de aquellos a quienes estaba enseñando y preparando como discípulos y su grado de intimidad con Él.

- Estaban los setenta que Él envió a evangelizar de dos en dos.

- Estaban los doce apóstoles.

- Estaban Pedro, Jacobo y Juan.

- Estaba Juan, el discípulo a quien amaba Jesús.

Ahora, veamos a las amigas de Jesús de la misma manera.

- Estaban las mujeres mencionadas en Lucas 8:2-3 que eran el sostén financiero de Jesús y de sus discípulos, tres en particular, "y otras muchas que le servían de sus bienes" (Lucas 8:3).

- Estaban las mujeres preocupadas por el sufrimiento de Jesús y que trataron de confortarlo cuando estaba camino al Calvario. "Estaban allí muchas mujeres mirando de lejos, las cuales habían seguido a Jesús desde Galilea, sirviéndole, entre las cuales estaban María Magdalena, María la madre de Jacobo y de José, y la madre de los hijos de Zebedeo" (Mateo 27:55-56).

De esa categoría, proceden María Magdalena y María la madre de Jesús. Ellas fueron las últimas junto a la cruz cuando todos los demás se habían ido, y luego esperaron y vieron a José de Arimatea colocar a Jesús en la tumba. También fueron con Salomé por la mañana muy temprano para ungir a Jesús, pero hallaron la tumba vacía. La intensa devoción hacia

Jesús es luego manifiesta de manera única por María Magdalena, como leemos en Juan 20 que ella corrió sola desde la tumba y les contó a Pedro y a Juan que estaba vacía y que no sabía que había sucedido con el cuerpo. Su singular devoción se puso de manifiesto otra vez cuando, después de que esos discípulos vieron la tumba vacía y regresaron a sus hogares, ella volvió a la tumba sola, llorando...todavía buscando al amor de su vida, Jesús.

No es de asombrarse que fuera recompensada con ser la primera persona del planeta Tierra en entablar amistad con el Cristo resucitado, y después, ser la primera persona que proclamó a la humanidad el mensaje de su resurrección.

Qué tremendamente especial debe haber sido María Magdalena para el Señor Jesús en ese momento y desde ese momento. De paso, me asombra que constantemente se haga referencia a que esa preciosa mujer había sido una prostituta, cuando no hay una sola referencia bíblica que apoye esa falacia.

Ahora, veamos en la amistad de Jesús con Marta, María, y Lázaro de Betania un grado íntimo de amistad en la categoría familiar. Sin embargo María sobresale como quien tiene la relación más íntima con Jesús en ese círculo. Sólo ella elige sentarse a sus pies, escuchando atentamente su enseñanza. Y, en Juan 12:3, se le describe como ungiendo los pies de Jesús con un costoso ungüento y secándolos con sus cabellos. Esta magnífica expresión de intensa devoción fue recompensada con una sólida afirmación del Hijo de Dios. Notamos que esa intimidad en la relación carecía totalmente de cualquier connotación sexual. Qué modelos son ellos para nosotros cuando aceptamos la verdad de que, con el temor de Dios como cobertura, la devoción y la naturalidad van de la mano.

Es interesante ver en las Escrituras otra categoría de relaciones que Jesús tuvo. Fue con aquellos a quienes ministró personalmente. Por ejemplo, cuando fue a la casa de Zaqueo, el cobrador de impuestos; cuando se reveló como el Mesías a la mujer samaritana junto al pozo; el tiempo que pasó con Nicodemo, el maestro de la ley; y muchos más.

Ya que Dios el Padre dio todas estas categorías de amistades, con sus diversos grados de intimidad a su Hijo cuando estaba aquí en la Tierra, podemos esperar que nuestro Padre Dios tenga planeadas y preparadas amistades terrenales para nosotros.

Solamente seremos capaces de recibir y disfrutar esos regalos preciosos y necesarios en la medida en que nos aseguremos de que somos la persona correcta, en el lugar correcto, en el tiempo correcto, diciendo y haciendo lo que es correcto. En otras palabras, que sigamos los principios por los cuales vivió Jesús cuando estaba en la Tierra.

CARACTERÍSTICAS DE JESÚS COMO AMIGO

¿Ha observado que Él fue la persona más amistosa posible? Proverbios 18:24 dice: "El hombre que tiene amigos ha de mostrarse amigo". La característica más maravillosa de Jesús fue su amor incondicional. El verdadero amor debe basarse en la humildad. En

realidad, sólo somos tan cariñosos como humildes. El amor incondicional no depende de la rectitud o deshonestidad de la otra persona, de su arrepentimiento hacia usted, o la falta de él, de la correspondencia de ese amor hacia usted o de la falta de ella, ni de ninguna recompensa o gratitud por su amor. Esta clase de amor es totalmente sobrenatural. Es descrita en Juan 15:12 cuando Jesús dijo: "Este es mi mandamiento: Que os améis unos a otros, como yo os he amado". Sólo es factible por la profunda obra del Espíritu Santo en nuestras vidas: "El amor de Dios ha sido derramado en nuestros corazones por el Espíritu Santo que nos fue dado" (Romanos 5:5).

Jesús manifestó su amor incondicional en la forma en que perdonó voluntariamente a todos los que habían sido injustos con Él. Sólo porque ser el amigo perdonador era un estilo de vida para Él, pudo realizar la oración final de perdón por quienes lo habían crucificado: "Padre, perdónalos, porque no saben lo que hacen" (Lucas 23:34).

En el huerto de Getsemaní, Jesús enfrentó la traumática agonía de lo que significaría llegar a hacerse pecado por la humanidad por su muerte expiatoria en la cruz, y, al mismo tiempo, ser separado del Padre con quien había estado en perfecta comunión desde antes del inicio de los tiempos. Esas implicaciones están mucho más allá de nuestra finita comprensión. ¡Sólo sabemos que Él sudó sangre por los poros de su preciosa piel!

Inmediatamente después de *eso*, Jesús enfrentó a su seguidor, Judas, encabezando una gran multitud de soldados junto con oficiales de los principales sacerdotes, escribas y fariseos, que llegaban con espadas y palos. Judas identificó a Jesús besándolo, diciendo: "¡Salve, Maestro!". La increíble respuesta de Jesús fue: "*Amigo*, ¿a qué vienes?" (Mateo 26:49-50, énfasis agregado). "Judas, ¿con un beso traicionas al Hijo del hombre?" (Lucas 22:48, NVI). Frente a una horrible traición y a la nauseabunda hipocresía de una falsa demostración de afecto, Jesús se identifica a Sí mismo en amistad con Judas, llamándolo AMIGO.

La clave para esta magnífica demostración de asombrosa gracia es que Jesús trató con la tentación de estar resentido y amargado con Judas años antes de estos acontecimientos. Jesús decidió perdonarlo cuando el Padre le reveló a su Hijo que Judas lo traicionaría: "'Sin embargo, hay algunos de ustedes que no creen.' Es que Jesús conocía desde el principio quiénes eran los que no creían y quién era el que iba a traicionarlo" (Juan 6:64, NVI).

Sólo podemos ser heridos en la medida en que amamos. Por tanto, cuanto más amamos, más necesitamos saber cómo perdonar. Jesús es el amigo que más ama. Él es quien resulta más herido y asombrosamente quien más perdona. Cuando somos heridos, instintivamente queremos retraernos de la persona que nos hirió. El orgullo dice: "No te necesito". La humildad dice: "Sí te necesito". Dios el Padre le dio Judas a Jesús como un compañero cercano de ministerio, y Jesús nunca se apartó de esa relación. Dio su vida por la redención de Judas. Judas se retractó de su compromiso de amistad con Jesús. Eso fue lo que causó la muerte de Judas.

Después de que Pedro hubo negado tres veces vehementemente a su Maestro, incluso con juramentos y palabrotas, leemos en Lucas 22:61-62: "Vuelto el Señor, miró a Pedro...y Pedro, saliendo fuera, lloró amargamente". Una mirada a los ojos de Jesús ablandó instantáneamente a Pedro en profundo arrepentimiento. ¿Cómo pudo ser eso? Solamente porque esos ojos que ardían con el fuego candente de la santidad de Dios, también ardían con el fuego del insondable, incondicional y amoroso perdón de Dios, que todo lo abarca...lo cual incluye los peores pecados que la humanidad pueda cometer jamás.

Jesús, el perfecto amigo, comprendía cuán difícil sería para Pedro creer que Él realmente lo perdonaría, y ser capaz de perdonarse a sí mismo. Fue por eso que el Altísimo despachó un ángel especial de los cuarteles celestiales para que estuviera junto a la tumba vacía y les diera este sorprendente mensaje a las mujeres: "No os asustéis; buscáis a Jesús nazareno, el que fue crucificado; ha resucitado, no está aquí... Pero id, decid a sus discípulos, *y a Pedro*, que él va delante de vosotros a Galilea" (Marcos 16:6-7, énfasis agregado).

Luego, en Lucas 24:34, hay otra referencia a Pedro singularmente significativa, respecto a Jesús revelándose a quien necesitaba tanto la certeza del perdón de su Maestro: "¡Es cierto! —decían—. El Señor ha resucitado y se le ha aparecido a *Simón*" (antes que a los otros discípulos) (NVI, énfasis agregado).

La misericordia de Dios siempre se extiende a un corazón verdaderamente arrepentido.

Todos los discípulos iban a necesitar creer esa verdad, porque Jesús tuvo que perdonarlos por abandonarlo en su prueba, y por no creerle cuando repetidamente les había dicho que resucitaría de los muertos. El pecado de incredulidad no sólo entristece el corazón de Dios, sino que también lo hiere profundamente.

Esta verdad me fue enfatizada en una oportunidad, cuando mi esposo, Jim, y yo estábamos intercediendo por los Estados Unidos de Norteamérica, donde vivimos desde 1971. Le pedíamos a Dios que nos compartiera, como sus amigos, dónde sentía más dolor respecto a nuestra nación. Nos respondió inmediatamente hablando a nuestro espíritu: "Han desechado mi Palabra, la Biblia, como si fuera irrelevante. Ellos me han rechazado a Mí".

Esperamos en la presencia de Dios, sentimos y expresamos algo de su pena, y Le pedimos perdón vicariamente por nuestra nación. Mientras continuábamos buscándolo, nos habló otra vez: "Aquellos que creen que la Biblia es mi Palabra, frecuentemente no la leen". Más pena compartida. Más pedido de perdón. Buscamos a nuestro amado amigo Jesús para comprender más lo que le estaba causando dolor. Finalmente, Él dijo: "Aquellos que creen que la Biblia es mi Palabra, y la leen muchas veces, no la creen, o no la aplican a su vida". Entendimos en un nivel más profundo cómo se sentía David cuando dijo en el Salmo 119:136: "Ríos de lágrimas brotan de mis ojos, porque tu ley no se obedece" (NVI).

Si hemos estado causando dolor a nuestro amigo Salvador por incredulidad o por desobediencia, recuerde, su perdón siempre está extendido hacia un corazón realmente arrepentido.

Otro aspecto que caracterizó la fidelidad de Jesús en la amistad fue reprender a sus amigos cuando estaban en un error.

Debido a que Pedro era más directo que los demás, él fue el mayor receptor de esta característica. Hay lecciones eternas para que cada uno de nosotros aprendamos al considerar esas ocasiones. Una de las más frecuentes y a menudo sutiles tácticas de Satanás es tentarnos para que evitemos la cruz o el morir a lo que satisface nuestros deseos egoístas. Eso simplemente significa elegir el camino fácil en vez del camino que Dios ha elegido para que cumplamos nuestro destino.

Cuando Pedro reprende a Jesús diciéndole que evite su crucifixión, Jesús reconoció que Pedro estaba cooperando con el plan de Satanás para frustrar el acontecimiento más poderoso de la historia humana. Jesús a su vez le respondió con la más categórica y apropiada represión: "¡Quítate de delante de mí, Satanás!; me eres tropiezo" (Mateo 16:23). La palabra *tropiezo* literalmente significa una trampa o un impedimento.

Cuando Jesús estaba en lo alto de una montaña y se transfiguró delante de Pedro, Jacobo y Juan, Pedro soltó la sugerencia de hacer tres tabernáculos porque Moisés y Elías habían aparecido y estaban conversando con Jesús. La reacción ante la ridícula sugerencia de poner a Moisés y a Elías en el mismo nivel de honor que el Hijo de Dios, hizo que el Padre reprendiera a Pedro audiblemente desde el cielo: "Este es mi Hijo amado; a él oíd" (Marcos 9:7).

Nuestro amigo Dios nos sigue exhortando hoy desde su Palabra por barbullar nuestras buenas ideas sobre cómo servirle en vez de esperar en Él en silencio, escuchando hasta que lo oigamos decir lo que tenemos que hacer y cuándo debemos hacerlo. En el Salmo 62:5, nos dice claramente que tenemos que esperar en Él: "Alma mía, en Dios solamente reposa, porque de Él es mi esperanza". Y entonces nos promete dirección clara: "Te haré entender, y te enseñaré el camino en que debes andar; sobre ti fijaré mis ojos" (Salmo 32:8).

Jesús reprendió a Pedro otra vez por tratar de que eludiera la cruz. Fue cuando Pedro le cortó la oreja al siervo del sumo sacerdote cuando vino a arrestar a Jesús. Él respondió: "Mete tu espada en la vaina; la copa que el Padre me ha dado, ¿no la he de beber?" (Juan 18:11). Jesús también estaba preparando a Pedro para que aceptara la cruz (el morir a sí mismo) en su propia vida, además de prepararlo para la manera en que Pedro finalmente moriría por crucifixión.

Cómo necesitamos discernir por el Espíritu Santo, cuando a menudo nuestros más íntimos allegados no comprenden que lo que Dios está permitiendo que suframos es en última instancia para su gloria y para nuestro bien. Debemos pedirle a nuestro amigo el Señor Jesús que nos reprenda si estamos dando oídos a cualquier sugerencia que nos tiente a eludir de alguna manera la cruz en nuestra vida.

Siempre me llamó la atención la contundencia de la reprimenda de Jesús a sus amigos los discípulos acerca de su repetida incredulidad. Realmente le molestaba. Por consiguiente, debemos comprender cómo afecta a nuestro precioso Señor la incredulidad de nuestro corazón. Un hombre cuyo hijo era atormentado por un espíritu maligno lo trajo a Jesús, informando que ya lo había llevado a los discípulos pero no habían podido ayudarle. Leemos en Mateo 17:17: "Respondiendo Jesús, dijo: ¡Oh, generación incrédula y perversa! ¿Hasta cuándo he de estar con vosotros? ¿Hasta cuándo os he de soportar? Traédmelo acá". Sí, la incredulidad en los corazones de los amigos de Jesús lo hacía enojar.

Ahora voy a darle otra ilustración para mostrarle cómo lo entristece la incredulidad. En una ocasión, yo estaba meditando lentamente en el Evangelio de Juan, capítulo 1. Sucedió inesperadamente, cuando llegué al versículo 10: "En el mundo estaba, y el mundo por él fue hecho; pero el mundo no le conoció". Súbitamente, el Espíritu Santo me reveló una porción de la asombrosa verdad que acababa de leer. El Creador y Sustentador de todo el universo, que habló y dio existencia *a todas las cosas* y lo sustenta TODO por su palabra poderosa, vino a la Tierra en forma humana ¡y no fue reconocido! Rompí a llorar mientras experimentaba una fracción del dolor de ese rechazo por la incredulidad de la humanidad. Pero cuando leí el versículo 11, la revelación y el dolor se incrementaron en intensidad: "A lo suyo vino, y los suyos no le recibieron". Su propia nación, los judíos y sus líderes religiosos, junto con sus propios hermanos, no creían en Él.

Sólo quienes han experimentado el dolor del rechazo pueden identificarse siquiera en un pequeño grado con lo que significa sentirse no valorado. Siempre podemos estar seguros de que nuestro amigo Jesús, que es infinito en comprensión, se identifica con nosotros en el más profundo nivel. Cuando Dios nos ha hablado de alguna manera acerca de nuestro futuro, y después de un largo tiempo todavía no se ha cumplido, no lo insultemos ni lo hiramos con incredulidad. No queremos añadir a su dolor. Se ofrece una interpretación más amplia de este tema en mi libro *The Fire of God* (El fuego de Dios).

La siguiente característica de Jesús el modelo en la amistad se encuentra en su amor comprometido, protector y comprensivo hacia sus amigos.

Cuando estamos tentados a pensar que Dios olvidó nuestro domicilio, es necesario que meditemos en las siguientes escrituras:

> "Os he dicho que yo soy; pues si me buscáis a mí, dejad ir a éstos".Para que se cumpliese aquello que había dicho: De los que me diste, no perdí ninguno".

> —Juan 18:8-9

Estas palabras protectoras se pronunciaron cuando Jesús iba a ser llevado, antes de su crucifixión. Estaba cumpliendo su promesa a sus amigos de entonces y a sus amigos de ahora: "No te desampararé, ni te dejaré" (Hebreos 13:5).

El amor considerado de Jesús nunca fue más evidente que cuando hablaba sobre cómo debemos relacionarnos con los niños. Escuche su ternura en Isaías 40:11: "Como pastor apacentará su rebaño; en su brazo llevará los corderos, y en su seno los llevará; pastoreará suavemente a las recién paridas". Escuche la manera en que Jesús y su Padre Dios se identifican con ellos:

> "Y tomó a un niño, y lo puso en medio de ellos; y tomándole en sus brazos, les dijo: El que reciba en mi nombre a un niño como éste, me recibe a mí; y el que a mí me recibe, no me recibe a mí sino al que me envió".

> —Marcos 9:36-37

De esta declaración, se infiere que rechazar a un niño es rechazar a Jesús. Esto se resalta nuevamente cuando Jesús reprende a los discípulos por tratar de evitar que la gente trajera los niños hacia Él: "Viéndolo Jesús, se indignó, y les dijo: Dejad a los niños venir a mí, y no se lo impidáis; porque de los tales es el reino de Dios" (Marcos 10:14). A menudo, podemos medir nuestro cristianismo por el valor que damos a los niños y cómo los tratamos.

Me encanta pensar acerca del persistente amor de Jesús en la amistad, en la historia del hombre al que sanó de ceguera en el día de reposo. Después de que los fariseos habían menospreciado y rechazado a Jesús, y al hombre, la Biblia dice que Jesús fue y lo buscó hasta que lo halló en el templo. Entonces Jesús se reveló a él más plenamente. Qué amigo cariñoso.

Tal vez el cuadro más conmovedor del tierno amor de Jesús como amigo podría ser cuando colgaba en la cruz en indescriptible agonía. Él miró hacia abajo, a su devota madre, María, comprendiendo la intensidad de la congoja de su corazón. Miró a Juan, el más cercano de los amigos varones que su Padre le había concedido como regalo. Jesús comprendía la profundidad del sufrimiento y el dolor de Juan. Jesús sabía cuán imperiosamente estos dos necesitarían el uno del otro en los días venideros. Y en su corazón infinitamente bondadoso y cariñoso que consideraba sus necesidades, Él los dio como regalos permanentes de amistad para compartir juntos el mismo hogar. Jesús, nuestro amigo compasivo, sabe exactamente cuáles son nuestras necesidades de amistad en cada etapa de nuestras vidas, y Él tiene un plan perfecto para satisfacerlas.

Tal vez usted es viuda como María, o está preocupada por cómo se las arreglaría sola si enviudara. Sea lo que fuere que nos preocupe respecto a ser cuidados, podemos hallar consuelo en la certeza de una cosa. Jesús dijo que Él está mirando y cuidando las necesidades de cada uno de los gorrioncitos, y que usted y yo somos de mucho más valor e interés para Él que estos pajaritos. ¿Ha visto alguna vez a algún pájaro preocupado?

Si se preocupa por su futuro, descanse mientras lee estas maravillosas palabras acerca del Señor Jesús como amigo: "Como había amado a los suyos que estaban en el mundo, los amó *hasta el fin*" (Juan 13:1, énfasis agregado). Jesús nos asegura que cuidará de nosotros hasta el fin de nuestras vidas, mientras seguimos adorándolo, obedeciéndole, creyéndole y confiando en Él.

Otra manera muy impactante en que Jesús expresó su amor por sus amigos, era la forma en que intercedía por ellos. En Juan 17, hay cinco peticiones que Jesús hizo al Padre por todos sus discípulos: pasados, presentes y futuros.

1. La unidad fue siempre la máxima prioridad que deseó para ellos. Lo sigue siendo hoy para nosotros. En los versículos 11 y 21-23, Jesús pide que sus discípulos sean guardados en el nombre del Padre y que puedan ser uno como ellos son uno en la Trinidad.

2. Jesús pide que sus discípulos puedan tener el gozo de Él cumplido en ellos mismos.

3. Después pide que sean guardados del maligno.

4. Continúa pidiendo que sean santificados por la verdad de la Palabra de Dios.

5. Por último, Jesús pide que todos sus discípulos estén con Él en el cielo, contemplando la gloria que el Padre le ha dado.

Para nuestro aliento, es necesario que nos recordemos frecuentemente la asombrosa promesa de Hebreos 7:25: "Por lo cual puede también salvar perpetuamente a los que por él se acercan a Dios, viviendo siempre para interceder por ellos". A veces me pregunto, ¿cuánta gratitud recibe Jesús por su fiel y eterno ministerio de intercesión a nuestro favor? Sé que yo, sin ir más lejos, no le he dado tanta como Él merece.

Una de las máximas expresiones de genuino amor que conozco es ser un intercesor con profundidad y frecuencia por los amigos que Dios nos ha dado. En mi libro *Intercession, Thrilling and Fulfilling* (Intercesión, emoción y plenitud), he dedicado el capítulo 3 a la oración por nuestros amigos.

Jesús les dio a sus amigos entendimiento acerca de cosas difíciles.

Vemos que solamente a los discípulos más cercanos a Él Jesús les explicaba circunstancias desconcertantes y enseñanzas que les causaban perplejidad. Me encanta la afirmación escondida en Marcos 4:34 que dice: "Cuando estaba a solas con sus discípulos, les explicaba todo" (NVI). Esto se dice inmediatamente después de la proposición que expresa que a las multitudes Él sólo les hablaba en parábolas. Esto nos dice que quienes se hacen el tiempo para buscar al Señor Jesús como un amigo íntimo pueden esperar que Él les revele sus secretos: "La comunión íntima de Jehová es con los que le temen, y a ellos hará conocer su pacto" (Salmos 25:14).

En Mateo 13:10-23, encontramos a los discípulos preguntándole a Jesús por qué a otras personas les hablaba en parábolas, y Jesús dijo: "Porque a vosotros os es dado saber los misterios del reino de los cielos; mas a ellos no les es dado" (versículo 11). Luego, Jesús continuó explicando a sus amigos la parábola del sembrador y la semilla.

Hay otra parte de esta verdad que debemos tener en consideración. Es una parte del carácter de Dios que no se enseña tanto como debería, pero que ya he mencionado en este libro; esto es, el misterio de Dios (Romanos 11:33). Esta verdad también sale a luz cuando miramos Juan 13:7: "Respondió Jesús y le dijo: Lo que yo hago, tú no lo comprendes *ahora*; mas lo entenderás *después*" (énfasis agregado). Nuevamente, leemos en Juan 16:12: "Aún tengo muchas cosas que deciros, pero *ahora* no las podéis sobrellevar" (énfasis agregado). Jesús continúa diciendo en el versículo siguiente que el Espíritu Santo vendría y los guiaría a toda verdad. Entonces, ¿qué aprendemos de esto?

Creo que Dios está diciendo que no es sabio de nuestra parte preguntarle lo que el futuro nos depara a cada uno. Sólo Él sabe si podemos manejar ese conocimiento y cuándo.

También significa que para desarrollarnos como hombres y mujeres de fe, Dios retrasará respuestas a nuestras oraciones y el cumplimiento de promesas que nos ha dado, a fin de probarnos para ver si confiaremos en su carácter cuando no podamos rastrearlo a Él. ¡Job tuvo que lograr ese alto nivel! Ver cómo Dios se manifiesta al fin ¡eso es triunfar!

"Hermanos, tomad como ejemplo de paciencia y aflicción a los profetas que hablaron en el nombre del Señor. Mirad *que* tenemos por bienaventurados a los que sufrieron. Habéis oído de la paciencia de Job, y habéis visto el resultado del proceder del Señor, que el Señor es muy compasivo, y misericordioso."

—Santiago 5:10-11, LBLA

Estos versículos también revelan que a veces Dios permite que algunos de sus amigos íntimos sufran para enseñar a otros cómo pasar victoriosamente por pruebas inexplicablemente difíciles. Él hizo eso no sólo con Job sino también con el apóstol Pablo. Sólo franquearemos la severidad de esa clase de pruebas si hemos dedicado tiempo a estudiar la justicia de Dios en su Palabra... además de todos sus otros atributos.

Jesús el amigo podría ser premiado con todas las medallas al liderazgo de servicio y aún no le harían justicia. Piense en las incalculables horas en que pacientemente enseñó a las multitudes, así como a los líderes religiosos, las verdades que cambian vidas, y después continuó enseñando en mayor profundidad a sus discípulos. Siempre estaba revelando la verdad acerca de su Padre Dios y probando en innumerables formas que Él había enviado a Jesús, su Hijo, a la Tierra para redimir a la humanidad (Lucas 24:7).

Existe un alto precio para tener un ministerio de enseñanza bíblica continuo, profundo y ungido. Solamente quienes lo hayan pagado entenderán de qué estoy hablando. En Santiago 3:1, se nos da una solemne advertencia a los que hemos sido llamados por Dios para enseñar su Palabra: "Hermanos míos, no pretendan muchos de ustedes ser maestros, pues, como saben, seremos juzgados con más severidad" (NVI). El versículo que viene a continuación explica que somos responsables ante Dios de que nuestra vida esté acorde con nuestras palabras: "Todos fallamos mucho. Si alguien nunca falla en lo que dice, es una persona perfecta, capaz también de controlar todo su cuerpo". La palabra *perfecto*, aquí significa '*cualidad de completo*: alcanzar madurez, completo, maduro, perfecto', según la Concordancia Strong.[a] Los maestros tienen una gran influencia, ¡y Dios no quiere que multipliquemos farsantes! Escuchamos mensajes que requieren cuarenta y cinco a sesenta minutos o más para ser entregados, y por lo general no tenemos idea de cuántas horas o días de preparación en oración requirió Dios antes de que ese mensaje pudiera ser dado con autoridad.

La disposición de Jesús a servir también se puso de manifiesto en formas extraordinariamente prácticas. Cuanto más reflexionamos sobre su majestuoso esplendor, su gloria resplandeciente, su formidable santidad, e ilimitado poder, más nos maravilla que una mañana al amanecer se haya manifestado en la playa con un desayuno caliente preparado para sus amigos íntimos. Me impacta. La preparación debió ser algo así. Habría comprado el pan de antemano, atrapado algunos peces desde la playa, reunido leña y carbón, y se habría asegurado de que hubiera platos, utensilios, aceite para cocinar, y una sartén para freír,…ah, y la sal y los fósforos como mínimo. (Vea Juan 21:9,13).

Todavía no logro comprender completamente cómo a esa hora de la mañana podía estar desempeñando sólo un ministerio de completa hospitalidad ¡al aire libre! ¡Qué amigo y qué chef! Si pensamos que es impactante, entonces ¿qué le parece esta escena?

Debemos tener en mente que las acciones que fuimos describiendo provienen del monarca reinante, dominante en el universo. De lo contrario no apreciamos plenamente la cuestión.

También debemos comprender las circunstancias que rodean esta increíble prueba de humildad. Los traumas emocionales son abrumadores cuando realmente reflexionamos a fondo sobre lo que Jesús estaba experimentando y enfrentando.

Jesús tenía pleno conocimiento de que su amigo íntimo Judas lo iba a traicionar. El Maestro estaba afrontando la negación de Pedro y siendo abandonado por todos sus discípulos. Estaba enfrentando la agonía del Getsemaní más la flagelación humillante y escarnecedora, y el pleno impacto de la brutalidad de los hombres inspirada en el odio satánico.

En esa situación, el Rey de gloria en carne humana tomó un recipiente, vertió agua en él, y lavó y secó los pies de cada uno de los doce discípulos. Luego Jesús les dio a ellos y a nosotros estas claras instrucciones: "Pues si yo, el Señor y el Maestro, he lavado vuestros pies, vosotros también debéis lavaros los pies los unos a los otros. Porque ejemplo os he dado, para que como yo os he hecho, vosotros también hagáis" (Juan 13:14-15). El versículo 17 resalta este mandato con este impactante agregado: "Si sabéis estas cosas, bienaventurados seréis si las hiciereis".

¿Acaso podría ser más claro? ¡Difícilmente! Entonces, ¿por qué tan rara vez se obedece este mandamiento? ¿Podrá ser que lo que Dios ve como nuestra mayor necesidad sea la humildad de corazón, y que haya establecido una manera esencial de satisfacerla? Medite en ello. Algunos de los movimientos más memorables y significativos del Espíritu de Dios en los que he estado (y ha habido muchos) han ocurrido cuando este mandamiento fue obedecido.

Durante un festival GO de diez días en Durban, Sudáfrica, Juventud con una Misión Internacional combinó fuerzas con muchas denominaciones de Durban. Tuvimos un equipo internacional de conferencistas que hablaron a los miles de asistentes. El tema fue la evangelización mundial. Tuvimos impactantes momentos de alabanza y adoración e intercesión por las naciones, así como también salidas evangelísticas por las calles.

Un destacable momento de esos días gloriosos fue cuando tuvimos un servicio masivo de lavamiento de pies. La unidad entre los creyentes se había resaltado en el tiempo de enseñanza. Ahora estaba siendo demostrada. Negros, blancos, africanos, zulúes, indios, y numerosas personas de diferentes denominaciones todos fueron uno en Cristo Jesús —muchos dijeron que por primera vez— en este entorno único.

Se les instruyó a todos que pidieran al Espíritu Santo que los dirigiera a otra persona de una raza diferente. Luego tenían que sentarse a los pies de la persona y lavárselos, hablándoles del amor del Señor. Después de eso tenían que esperar en Dios, buscando su dirección para saber cómo orar para que las necesidades más profundas de la persona fueran satisfechas y luego orar en fe. Como Dios es tan práctico, nos mostró que el lavado de los pies podría realizarse fácilmente usando toallas húmedas para bebés. Era muy simple y efectivo.

Es imposible describir adecuadamente la dinámica espiritual que tuvo lugar en esa histórica ocasión. La presencia manifiesta de Dios era palpable, con señales y maravillas demostradas en medio de ríos de lágrimas de sanidades físicas y emocionales y reconciliaciones raciales. Algo del cielo bajó a la tierra ese día.

La siguiente característica de Jesús como amigo alentador está íntimamente relacionada con su disposición a servir.

Aunque Jesús tenía que reprender a Pedro con frecuencia, se deleitaba en alentarlo. Después de que Pedro declaró: "Tú eres el Cristo, el Hijo del Dios viviente", Jesús le dio un premio diciendo: "Bienaventurado eres, Simón, hijo de Jonás, porque no te lo reveló carne ni sangre, sino mi Padre que está en los cielos" (Mateo 16:16-17).

Cuando una mujer prodigó su devoción al Señor Jesús derramando un costoso perfume sobre su cabeza, ¡Él le dio la respuesta más alentadora de todos los tiempos! "De cierto os digo que dondequiera que se predique este evangelio, en todo el mundo, también se contará lo que ésta ha hecho, para memoria de ella" (Mateo 26:13).

Sólo podemos apreciar plenamente la magnitud de ese aliento y esa afirmación cuando nos damos cuenta de que Jesús dijo en Mateo 24:14: "Y será predicado este evangelio del reino *en todo el mundo*, para testimonio a todas las naciones; y entonces vendrá el fin" (énfasis agregado). Eso significaba que este derramamiento insólito, desinhibido y sin reparos del intenso amor por el Señor Jesús que tenía esta mujer, sería conocido por cada grupo de personas del planeta Tierra. ¡Uau!

Después me encanta el hecho de que Jesús se encargó de honrar públicamente a una viuda pobre que dio todo lo que tenía en el arca de las ofrendas. Ella habrá escuchado sus palabras de aprobación, y le habrán dado el aliento que necesitaba para creer que de alguna manera Él vería que sus necesidades fueran satisfechas. Cuando llegue al cielo, quiero ir a verla y oír su historia. Pienso en eso a menudo, y me intriga. Ella dio, así que, por supuesto le habrá sido dado.

Un gentil, oficial del ejército, captó realmente la atención de Jesús cierto día, al punto que la Biblia dice que Jesús se maravilló de la firmeza de la fe de este hombre. El centurión dijo a Jesús que tenía un siervo con una apremiante necesidad de sanidad, y Jesús dijo que iría hacia el hombre. Pero el centurión contestó que sería totalmente innecesario, ya que creía que todo lo que Jesús necesitaba hacer era decir la palabra, y la sanidad se realizaría. Es entonces cuando Jesús fue impactado y dijo públicamente: "De cierto os digo, que ni aun en Israel he hallado tanta fe" (Mateo 8:10). Cuán alentador debe de haber sido para ese humilde oficial militar lleno de fe haber oído esas palabras.

Tal vez haya un fuerte líder a quien Dios desea que usted le dé una palabra de aliento hoy. Pídale que Él le muestre. No se sabe lo que podría significar para él. Quizás haya un acto de bondad que por medio de usted podría brindar un enorme aliento a alguien. Nunca olvidaré cuando Jesús nos dio tanto ánimo a mi esposo Jim y a mí misma a través de uno de sus queridos amigos y nuestro. Su nombre es Leland Paris, un líder de Juventud con una Misión

Por muchos años, yo le había estado pidiendo a Dios que nos sacara de la deuda de la hipoteca de nuestro hogar. Hemos vivido totalmente por fe desde 1971, cuando nos unimos a JUCUM, sabiendo que no se dan salarios. No tenía la más leve idea de cómo respondería Dios esas persistentes oraciones de fe. Pero seguí insistiendo. Jim también llevaba esta carga en oración.

Estábamos asistiendo a la Conferencia Internacional del Personal de JUCUM en las Filipinas, donde yo era una de las conferencistas. A los sesenta y cinco años, Jim recientemente había superado una cirugía cardiaca mayor y había sido dirigido claramente por Dios a renunciar a su puesto en el Consejo de Liderazgo de JUCUM Internacional. Había sido dirigido definidamente por el Espíritu Santo para fusionar sus dones ministeriales con los míos. Yo necesitaba su ayuda de manera apremiante.

Estábamos en la plataforma de la conferencia, donde uno de los líderes de JUCUM gentilmente nos honraba, cuando sucedió. Ambos experimentamos un placentero impacto en nuestras vidas cuando Leland Paris nos pasó un cheque por 25,000 dólares.

Inmediatamente, quedamos libres de la deuda. ¡Qué momento inolvidable! ¡Qué Dios fiel! ¡Qué amigo alentador!

Leland había conseguido reunir, sin que lo supiéramos, nombres y domicilios de amigos nuestros de todo el mundo. Les había escrito, pidiendo que consideraran contribuir a un fondo para bendecirnos financieramente. Algunos estaban en JUCUM; otros pertenecían a una lista de personas que oraban regularmente por nosotros. Estaremos eternamente agradecidos a un precioso hombre con corazón de siervo que respondió a la guía del Espíritu Santo y, al hacerlo, se esforzó en animarnos a nosotros, sus compañeros misioneros. También es grande nuestra gratitud hacia todos los que contribuyeron a ese fondo, haciendo posible que experimentáramos la increíble libertad de estar sin deudas. ¡Qué preciosos y alentadores amigos!

Ahora veamos a Jesús el amigo que entra en nuestro dolor y comprende nuestro sufrimiento.

La primera razón es porque el Salmo 147:5 dice que Dios es infinito o inescrutable en su entendimiento. Eso significa que, por su conocimiento infinito de todo lo que se relaciona con nuestras circunstancias, no hay límite para la profundidad de su capacidad para comprender lo que estamos atravesando. Ésa es una gran fuente de consuelo y razón para detenernos y agradecerle ahora mismo.

La segunda razón por la que comprende nuestro sufrimiento es que Él sufrió más que nadie: "Despreciado y desechado entre los hombres, varón de dolores, experimentado en quebranto; y como que escondimos de él el rostro, fue menospreciado y no lo estimamos" (Isaías 53:3).

Qué enorme consuelo es saber que cualquiera sea el dolor por el que debamos pasar, o por más horrendas que sean las circunstancias en que podamos encontrarnos, nuestro precioso Señor ya ha pasado por eso. Así que Él va más allá de sentir compasión por nosotros: Él se identifica con nosotros en nuestro dolor. Eso nos ayuda a comprender cómo actúa como nuestro sumo sacerdote delante de Dios a nuestro favor:

> "Porque convenía a aquel por cuya causa son todas las cosas, y por quien toda las cosas subsisten, que habiendo de llevar muchos hijos a la gloria, perfeccionase por aflicciones al autor de la salvación de ellos".

> —Hebreos 2:10

> "Porque no tenemos un sumo sacerdote que no pueda compadecerse de nuestras debilidades, sino uno que fue tentado en todo según nuestra semejanza, pero sin pecado".

> —Hebreos 4:15

Finalmente, quiero que comprenda cuán sensible es Jesús como amigo.

Él nunca se impuso a sus discípulos. Cuando Jesús iba andando por el camino a Emaús con dos de ellos, después de su resurrección, leemos en Lucas 24:28: "Llegaron a la aldea adonde iban, y él hizo como que iba más lejos". Fue sólo cuando ellos lo invitaron a entrar en la casa que Jesús aceptó y comió con ellos.

Al mismo tiempo, la asombrosa verdad es que Jesús desea nuestra amistad y se siente solo sin ella. Nos creó para tener una amistad íntima con Él. En Juan 6:67, oímos que Jesús dice a sus discípulos más cercanos, después de que muchos se habían vuelto atrás: "¿Queréis acaso iros también vosotros?" A Jesús le importaba tanto si Pedro lo amaba realmente o no, que ¡le hizo esa pregunta tres veces!

El Cantar de los Cantares de Salomón 7:10 nos habla elocuentemente acerca del amor de Jesús por nosotros: "Yo soy de mi amado, y conmigo tiene su contentamiento". Y nuevamente en Cantares 6:3: "Yo soy de mi amado, y mi amado es mío".

Él es el amigo que nos presenta el mayor desafío y la mayor recompensa. Él dice:

> "Si alguno quiere venir en pos de mí, niéguese a sí mismo, tome su cruz cada día, y sígame. Porque todo el que quiera salvar su vida, la perderá; y todo el que pierda su vida por causa de mí, éste la salvará".

—Lucas 9:23-24

La recompensa es amistad íntima con el Ser más fascinante y misterioso del universo. Me hace trabajar mucho, me prueba rigurosamente, pero me mima demasiado. Él es el Único que puede satisfacerme totalmente. Él es Dios y Rey, el amado de mi alma.

APLICACIÓN DE ESTA ENSEÑANZA

1. ¿Sinceramente está tomando al Señor Jesús como modelo para su vida como se explica en esta enseñanza?

2. ¿Realmente ha estudiado la vida de Jesús en la Biblia?

3. Como estilo de vida, ¿usted se detiene y pregunta "Qué haría Jesús" cuando no está seguro de cuál es la decisión correcta que debe tomar?

4. ¿Reconoce que necesita tener amistades dadas por Dios como Jesús nos dio ejemplo?

5. ¿Su estilo de vida revela que está comprometido a tener en su amistad con los demás las mismas características que Jesús tuvo? ¿Todas? ¿Algunas?

6. ¿Está buscando una relación más íntima con Jesús para asegurarse de que será para los demás un amigo más semejante a Cristo?

7. ¿Cuáles son las características de la vida de Jesús como amigo que usted más necesita aplicar a su vida?

- Franqueza en la comunicación, no ambigüedad o vaguedad

- Devoción y naturalidad con ambos sexos

- Amor incondicional

- Disposición a servir

- Solicitud para satisfacer necesidades prácticas o realizar para otros tareas de ínfima importancia

- Perdón total a quienes nos juzgan mal

- Fidelidad para comunicar eventos futuros, alguien que habitualmente no da la información a último momento

- Un incansable maestro de la verdad

- Amistades con los perdidos para traerlos a Cristo

- Un alentador del que está firme y del que no lo está tanto

- Un fiel intercesor

- Protector, comprensivo y considerado que se comunica con sus amigos cuando están sufriendo

- Fidelidad en brindar corrección con humildad, mansedumbre y amor cuando fuere necesario

8. Pida a Dios convicción y revelación de dónde está fallando en vivir según el modelo de amigo líder que nos dejó Jesús, y arrepiéntase quebrantándose delante de Él.

9. Determínese, con la capacitación del Espíritu Santo, a llegar a ser más conforme a la imagen de Jesús.

Nota a la traducción:
a. Strong, James: *Nueva concordancia Strong exhaustiva de la Biblia*. Ed. Caribe, edición revisada y corregida 2003. V. "perfecto": G5046.

Capítulo seis

JESÚS EL MAESTRO GANADOR DE ALMAS

Y a que Jesús es nuestro modelo de conducta en todo, debemos estudiar su vida terrenal desde muy cerca para comprender por qué tuvo tanto éxito en traer a otros a su reino. Jesús, como Hijo del hombre, se desenvolvía según los siguientes principios básicos.

El primer principio fue cumplir el propósito de hacer la voluntad del Padre: "Porque he descendido del cielo, no para hacer mi voluntad, sino la voluntad del que me envió" (Juan 6:38). En Lucas 19:10, leemos cuál era: "Porque el Hijo del Hombre vino a buscar y a salvar lo que se había perdido".

El apóstol Pablo tuvo una revelación profunda de las implicaciones de esas palabras; por esa razón podía responder diciendo: "Y por todos murió, para que los que viven, ya no vivan para sí, sino para aquel que murió y resucitó por ellos" (2 Corintios 5:15). En su estilo típicamente simple, directo, Jesús les da a sus discípulos un mandamiento sin complicaciones: "Venid en pos de mí, y os haré pescadores de hombres" (Mateo 4:19).

La simple lógica nos hace llegar a la conclusión de que testificar a las personas y, a veces, ganarlas para el Señor Jesús es un resultado automático de seguir a Jesús. ¿Qué más podría significar? Conclusión: si no estamos compartiendo nuestra fe con quienes no conocen a Jesús, no lo estamos siguiendo plenamente.

Un propósito muy importante del encontrar y seguir a Jesús es lograr que otros lo encuentren y lo sigan. Así que, seamos sinceros y respondamos la pregunta obvia ante el Señor. ¿Estamos cumpliendo ese propósito como estilo de vida? Escuchemos el ardiente desafío del apóstol Pablo:

"Velad debidamente, y no pequéis; porque algunos no conocen a Dios; para vergüenza vuestra lo digo".

—1 Corintios 15:34

Recuerdo que me impactó el testimonio de un hombre de edad que era un famoso maestro de Biblia y escritor. Cerca del fin de su vida se le preguntó qué haría de manera diferente si pudiera vivirla otra vez. Su respuesta inmediata fue: "Compartiría mi fe en Cristo con los perdidos mucho más a menudo de lo que lo hice". Hace pensar. Prioridades equivocadas.

No deberíamos ser conducidos a testificar a otros por un sentido de culpa o porque sabemos que es lo que deberíamos estar haciendo. Debería ser un parte natural del diario vivir. Así fue con mis padres mientras yo crecía.

Mi querida madre testificaba a casi todos los que llegaban a la puerta de nuestra casa. Como las tiendas estaban muy lejos de donde vivíamos, y ella no tenía automóvil, los comerciantes la llamaban regularmente para que hiciera sus pedidos, y los entregaban otro día. Esto era lo normal para la mayoría de la gente de Nueva Zelanda en esa época.

Cuando el comerciante le iba a entregar los pedidos de verduras y carnes, mamá preparaba una taza de té para el hombre, le daba un tratado del evangelio, que mi papá había escrito, le testificaba de la realidad de Cristo en su vida, y oraba por las necesidades de la persona. Además ella siempre ayudaba a los pobres y necesitados en todas las maneras prácticas en que podía. Vivía el evangelio que compartía.

Mi papá era un maravilloso evangelista, maestro de Biblia y pastor que, como Pablo, trabajaba para vivir. A diferencia de Pablo, mi papá tenía una esposa y cinco hijos para mantener. Pero, al igual que Pablo, testificaba de la realidad de Cristo, y predicaba el evangelio en cada oportunidad que tenía: en iglesias, por radio, en forma escrita, en evangelismo personal. Para mí, como niña, el evangelismo nunca fue un acontecimiento; era un estilo de vida normal. ¡Era tan normal como comer y dormir!

Qué herencia. Qué privilegio. Qué responsabilidad. "Porque a todo aquel a quien se haya dado mucho,

mucho se le demandará; y al que mucho se le haya confiado, más se le pedirá" (Lucas 12:48).

El resultado de esa normalidad fue testificar a mi mejor amiga de la escuela y conducirla a Cristo cuando yo tenía diez años de edad. Más tarde, siendo adulta y madre, ella testificó la realidad de su conversión en ese momento particular de su joven vida.

Como el Maestro ganador de almas, o el portador de la verdad acerca de sí mismo como el Camino, la Verdad y la Vida, el segundo principio por medio del cual se desenvolvía Jesús fue vivir en sumisión y obediencia a las órdenes del Padre. Era la única manera en que podría cumplir su objetivo.

Jesús nunca intentó ganar a los perdidos sin directivas específicas del Padre:

"De cierto, de cierto os digo: no puede el Hijo hacer nada por sí mismo, sino lo que ve hacer al Padre; porque todo lo que el Padre hace, también lo hace el Hijo igualmente. Porque el Padre ama al Hijo, y le muestra todas las cosas que él hace".

—Juan 5:19-20

La aplicación inmediata para nuestras vidas viene una vez más de las palabras de Jesús: "Como me envió el Padre, así también yo os envío" (Juan 20:21). Para vivir vidas de sumisión, dependencia y obediencia a Jesús necesitamos tener diariamente tiempo sin prisa a solas con Dios en su Palabra, la Biblia. Necesitamos estar escuchando su voz, obedeciendo lo que Él dice. Necesitamos estar alabándolo y adorándolo.

También es esencial que seamos revestidos de poder por el Espíritu Santo para ser eficaces en el evangelismo. Podemos confiar en la maravillosa promesa de Hechos 1:8: "Recibiréis poder, cuando haya venido sobre vosotros el Espíritu Santo, y me seréis testigos".

Es necesario que pidamos diariamente a Dios que nos convenza de pecado y nos arrepintamos de cualquier cosa que nos revele. Luego agradecemos a Dios por su perdón. Mateo 5:6 dice: "Bienaventurados los que tienen hambre y sed de justicia, porque ellos serán saciados". Efesios 5:18 nos manda ser llenos del Espíritu Santo. Venimos a Dios, reconociendo nuestra gran necesidad de ser investidos de poder para su servicio. Cuando hemos satisfecho las condiciones anteriores, venimos a Él y pedimos que su Espíritu venga sobre nosotros y nos controle completamente. Entonces recibimos por simple fe en que lo hará. Y Él lo hace.

El don sobrenatural de una palabra de ciencia (1 Corintios 12:8) suele ser un medio muy poderoso que Dios usa para traer a los no cristianos para que lleguen a ser seguidores declarados de Cristo. Este don, junto con otros, es resultado de haber sido investidos de poder por el Espíritu Santo; los dones son otorgados soberanamente por Dios como Él quiere, según 1 Corintios 12:11. El notable testimonio que sigue, de Bob Maddux, pastor principal de la Christian Life Assembly, de Poway, California, ilustra este punto:

"En el otoño de 1964, después de haberme graduado de la secundaria en la primavera anterior, me dirigí a la universidad en el área de la bahía de San Francisco. Pronto me encontré profundamente inmerso en la contracultura en ciernes que estaba emergiendo en esa región. No pasó mucho tiempo antes de que experimentara con drogas y el estilo de vida "hippie". Esto pronto me condujo a un creciente interés por alternativas espirituales. "Viajes" con LSD y otras drogas alucinógenas me hicieron encontrar dimensiones espirituales que nunca había experimentado antes. Había asistido a varias iglesias mientras crecía, pero en su mayor parte había permanecido inconmovible por la típica 'religiosidad' que había encontrado.

"Un día, a fines de diciembre de 1966, tuve una experiencia con LSD que sacudió mi mundo idealista. Lo sobrenatural se transformó súbitamente en un lugar aterrador. Tropecé con lo que parecía ser el lado maligno de ese campo inducido por la droga. Podría decir que tuve un cara a cara con lo demoníaco. Una cosa segura fue que llegué a creer que la esfera sobrenatural era real. Pero cuando comparé 'mi experiencia' en esta dimensión con lo que había hallado en la iglesia, la iglesia resultó estar sumamente carente.

"Los cristianos me habían estado testificando pero todo parecía meras palabras, palabras bondadosas e interesantes, pero seguían siendo sólo palabras. Para el otoño de 1967, después de una odisea que me había conducido de Big Sur hasta la ciudad de Joshua Tree en el desierto de California, me encontré de regreso en mi ciudad natal de Chico en un estado de apatía. Sentía que después de toda mi 'búsqueda', había quedado vacío. Fue entonces que me invitaron a una reunión en un hogar cerca del campus de la universidad. Me dijeron que había un predicador de diecinueve años de edad esa noche. Eso en sí mismo me pareció una completa anomalía. La mayoría de los predicadores que había visto u oído habían sido hombres mayores que en su mayor parte me fueron totalmente indiferentes. Estaba fascinado y asistí a la reunión con un nivel de curiosidad mayor que lo usual. Esa noche mi vida estaba a punto de cambiar para siempre.

"Cuando me senté con los otros veinticinco muchachos de la universidad esa noche, me impactó primeramente el maravilloso canto que llenó el pequeño apartamento. Había un inusual fervor en la manera en que expresaban su sentir a Dios en la canción. Nunca había oído algo como eso.

"Entonces comencé a sentir un verdadero estrés nervioso, casi como si cada nervio estuviera ardiendo. Alguna fuerza parecía querer sacarme de esa habitación. La sensación de incomodidad fue intensa, y necesité de toda mi fuerza de voluntad para permanecer sentado. Pero estaba decidido a no dejar que quienes estaban a mi alrededor supieran nada de lo que me estaba ocurriendo. En el pasado, había practicado varias formas de meditación. Así que traté de practicar la contemplación tranquila, aparentando para los que me rodeaban que 'estaba en la gloria'. Confiaba en que mi verdadero estado pasaría desapercibido.

"Fue entonces que el joven predicador de diecinueve años se puso de pie y comenzó a hablar a los estudiantes. Nunca lo había visto antes. Su nombre era Mario Murillo. Tenía cabello muy corto, ojos oscuros y sabiduría más allá de sus años. Lo primero que recuerdo que dijo en cuanto se puso de pie fue esto: 'Hay alguien en esta habitación en este momento, y estás muy nervioso en tu cuerpo'. Tan sencilla como suena, en esa frase había algo realmente profundo. Era como si inesperadamente este joven hubiera mirado dentro de mi alma. Era como si Dios hubiera levantado el techo y me hubiera señalado con su dedo y me hubiera dicho: 'Yo soy real'. No había manera de que Mario hubiera sabido que eso era exactamente lo que me estaba pasando en ese momento. Pero de pronto supe que Dios estaba allí… que existía un Dios de poder y conocimiento que sabía todo de mí, hasta las luchas internas que yo estaba escondiendo de todos los que me rodeaban.

"Levanté mi mano y admití las palabras de Mario. Me pidió que me sentara en una silla en el medio de la habitación. Todo mi cuerpo temblaba y me hallaba bajo una profunda convicción de pecado. Mario me dijo que Dios le estaba mostrando que había tres espíritus malignos de los cuales era necesario liberarme, y que la liberación vendría mientras me rendía a Dios. Estaba desesperado y cooperé con Mario. Mario echó fuera esos demonios en el nombre del Señor Jesús, maravillado de lo rápido que fui liberado. Ésta era su primera experiencia en esta clase de ministerio.

"Mario me dijo que repitiera una oración pidiendo a Cristo que entrara en mi corazón como mi Señor. La oración incluía palabras de arrepentimiento mientras renunciaba a las otras religiones y filosofías en las cuales había estado involucrado. Reconocí que Jesús era la Verdad. Yo estaba haciendo una clara distinción entre Cristo, la Luz verdadera, y la luz falsa que había estado siguiendo. Luego, Mario oró por mí para que fuera bautizado en el Espíritu Santo. El poder de Dios me tocó, y pronto estuve orando a Dios en otro idioma. Esto parecía explotar desde mi interior, y aunque al principio sólo fueron unas pocas palabras, en unas semanas se convirtió en una clara, distinta, y fluida expresión del don del Espíritu Santo.

"El poder sobrenatural de Dios, por medio de la palabra de ciencia, había roto el hechizo del engaño en mi vida y me había traído casi instantáneamente a la comprensión de que el Dios de mi juventud era un Dios de poder que podía superar cualquier poder sobrenatural del maligno. Ahora, treinta y nueve años después, tras casi treinta y seis años en el ministerio a tiempo completo, estoy más hambriento que nunca por la realidad de que el poder de Dios fluya a través de mi vida para tocar a un mundo que está buscando a "un Dios que esté allí".

Es necesario que nosotros también oremos que Dios nos guíe a los perdidos que Él quiere alcanzar. He descubierto que cuando estoy ansiosa en mi espíritu, anhelando ganar a los perdidos para Cristo y busco esas oportunidades, ¡es entonces cuando vienen las emocionantes aventuras de testificar! Cuando me vuelvo pasiva al respecto, parece que esas oportunidades no se ponen de manifiesto. O quizás sea que no puedo reconocerlas por la pesadez espiritual. ¡Es muy fácil que esto suceda!

La siguiente historia tiene el propósito de animar al lector a confiar en que Dios tiene preparados en todas partes, en lugares fácilmente accesibles, corazones que anhelan y esperan que abramos nuestras bocas y les hablemos del evangelio… si le pedimos a Él que nos guíe hacia ellos. Es tan natural. Tan necesario. Tan fácil bajo la dirección y el control del Espíritu Santo. Y totalmente emocionante y satisfactorio.

Mi esposo, Jim, y yo estábamos cenando un sábado por la noche en un restaurante iraní cerca de nuestro hogar en California cuando comenzamos a hacerle unas preguntas acerca de sí mismo al nuevo y joven camarero. Rápidamente reveló que era iraní, de veinte años, que hablaba el idioma farsi, que estaba estudiando ingeniería aeronáutica en la universidad, y trabajaba a tiempo parcial en el restaurante para pagar su educación. Observamos que se concentraba inusualmente en asuntos serios y que respondió a nuestro genuino interés por él como persona. En realidad, la calidez de nuestra aproximación pareció darle una apertura hacia nosotros en un tiempo asombrosamente corto.

En fluido inglés nos compartió que aunque era iraní, no era musulmán, sino que recientemente se había convertido en cristiano copto y asistía a una iglesia armenia. Los estudiantes de su universidad le habían testificado del cristianismo. Inmediatamente le dijimos que éramos seguidores de Jesucristo, que vivíamos como misioneros desde 1970, y como tales habíamos viajado extensamente por el mundo, y que nos emocionaba saber que era un nuevo creyente en Cristo.

Pero fue la siguiente información la que lo dejó totalmente atónito. Le dijimos que conocíamos a un pastor evangélico y a una congregación que hablaban farsi que se reunían todos los domingos, que eran todos iraníes, y que vivían llenos de vitalidad en el poder del Espíritu Santo. Tuvimos que repetirlo una y otra vez antes de que finalmente pudiera aceptar que fuese verdad.

Luego, le dijimos que podíamos llevarlo con nosotros al día siguiente a la reunión de esta iglesia, lo cual hicimos. La reunión comenzaba a la 1:00 p.m. Es una de varias reuniones étnicas que forman parte de La Iglesia en el Camino, en Van Nuys, California. Después del servicio, Babbak (llamado Bob en los Estados Unidos), nos compartió que su hermana de diecisiete años, Anahita, había venido a Cristo en Alemania cuando tenía doce años, antes de que su familia viniera a los Estados Unidos. Un vecino cristiano había llevado a Anahita regularmente a una Escuela Dominical bautista. También dijo que ni su padre ni su madre eran cristianos.

La madre de Bob, Mary, estuvo tan agradecida de que alguien se hubiera hecho amigo de su hijo, que le pidió que nos llevara a su pequeño apartamento después del servicio, ya que quería conocernos y brindarnos su hospitalidad. Encontramos una preciosa mujer de mediana edad, muy sola, que podía hablar farsi y alemán pero casi nada de inglés, mientras que Bob y Anahita hablaban un inglés sorprendentemente fluido, considerando el corto tiempo que llevaban viviendo en los Estados Unidos.

Nos quedamos muchas horas escuchando su historia (traducida para nosotros por sus dos hijos) mientras nos mostraba muchas fotografías de la familia. Luego compartimos el camino de salvación con ella y la dejamos con un folleto claramente explicado que he escrito titulado "Un compromiso de vida con el Señor Jesucristo". Le dijimos cuán bien recibida y amada sería en la iglesia de habla farsi.

Por la tarde la abracé y le dije que la amaba. Inmediatamente se puso a llorar y tuvo que abandonar la habitación hasta que recobró su compostura. Estaba sedienta de amor y aceptación en esta tierra extranjera y a menudo sufría depresión. Su respuesta a nuestro amor fue llamarnos padre y madre. Fue con gran resistencia que terminó por aceptar una ofrenda monetaria (se hallaban en gran necesidad financiera), y tuvimos que convencerla de que eso estaba de acuerdo con la relación familiar que Dios nos había dado para con ellos.

Esa semana Jim y yo oramos mucho por la conversión de Mary. El domingo siguiente fue a la reunión de la iglesia iraní con Bob, y al final, respondió inmediatamente a la invitación para recibir a Jesús como su Señor y Salvador. Asistió a varias clases donde aprendió las implicaciones escriturales del bautismo por inmersión, y seguidamente se bautizó. Se unió con entusiasmo a las clases del estudio bíblico para mujeres y no ha faltado a ningún servicio dominical en años. El cambio en el semblante y en la vida de Mary fue y es profundo y real: una total transformación.

Éramos muy conscientes de que el pez más grande y difícil de atrapar para Cristo en esta preciosa familia era Carmi, el esposo y padre. No pudimos lograr que asistiera a la iglesia farsi porque su empleo como valet de aparcamiento en un restaurante requería que trabajara siete días por semana.

Íbamos regularmente a su pequeño apartamento y teníamos comunión vital con Mary, Bob y Anahita. Mary preparaba maravillosa comida iraní mientras sus dos hijos nos hacían preguntas durante horas sobre la Biblia y la fe cristiana. Discipularlos fue emocionante. Estaban muy ansiosos por aprender.

Muy hermosa y sumamente inteligente, Anahita me lanzaba, con inusual rapidez, preguntas tales como:

"¿Ha tratado con demonios?"

"Sí."

"¿Los ha echado fuera de alguna persona?"

"Sí."

"Cuénteme sobre eso."

Yo le relataba un incidente.

"Cuénteme otro caso."

Y lo hacía.

"¿Ha oído que Dios le habla?"

"Sí."

"¿Cuántas veces?"

"Demasiadas para recordarlas o contarlas."

"¿Cómo le habló?"

"De muchas maneras."

"Dígame una de ellas."

Compartía un episodio.

"Dígame otra."

Esta clase de conversación continuaba *sin parar*. Nunca he visto tanta hambre por aprender verdades espirituales.

Otras veces ellos venían a nuestro hogar. En una ocasión pudimos presentarlos a un destacado misionero de Juventud con una Misión que había sufrido grandemente incomunicado en confinamiento solitario en una prisión iraní de máxima seguridad durante nueve semanas por causa de su fe en Cristo. Él seguía teniendo un gran amor por el pueblo iraní. Bob es sumamente inteligente, vehemente, muy cortés, y apasionado porque su generación y su cultura encuentren en Cristo el propósito de su vida. ¿Quién sabe si

Dios tiene un propósito para unir en el futuro a estos dos en una obra misionera?

Después de varias semanas de ferviente oración por la conversión de Carmi, un sábado por la noche, tarde, nos encontramos nuevamente en el pequeño apartamento de nuestros amigos, esperando que Carmi regresara de su trabajo como valet de aparcamiento. Nos habíamos encontrado con él una vez anteriormente, cuando la familia vino a nuestro hogar. Descubrimos que era una persona realmente agradable que expresaba gran gratitud por las muchas maneras en que los habíamos ayudado materialmente. Sabía que lo amábamos de manera genuina. El evangelismo de amistad con una asistencia práctica había preparado la base para lo que seguía.

Era cerca de medianoche cuando Carmi llegó a su casa. Frente a su familia y a Jim, de una manera tranquila y amable, compartí con él la afirmación de Cristo: que Jesús es el Hijo de Dios. Expliqué que Él tomó sobre sí el castigo por nuestros pecados por su muerte en la cruz, y su resurrección. Si nos arrepentimos de nuestros pecados, le pedimos perdón, y lo invitamos a venir y vivir dentro de nosotros, Él hace ambas cosas y nos da vida eterna conforme a la Palabra de Dios, la Biblia. También le manifesté la importancia de rendir nuestra voluntad a Él y reconocer su señorío abiertamente ante los demás. Después le pregunté qué iba a hacer con el Señor Jesús. Nunca olvidaré su respuesta contundente: "¡Le doy mi vida a Él! ¿Por qué no?". Frente a todos nosotros, Carmi oró en voz alta cuidadosamente cada palabra de la oración completa que le había dado en el folleto, consagrando su vida a Cristo.

Le explicamos la necesidad de conseguir un empleo que le permitiera ir a la iglesia con su familia, aunque comprendíamos lo difícil que era para él encontrar trabajo junto con las luchas con el idioma. Pero este nuevo convertido le habló en serio a Dios. Por muchos meses la única reunión a la que pudo asistir fue el servicio en inglés de las 8:00 a.m. los domingos, en la Iglesia en el Camino, ya que tenía que estar en el trabajo a las 11:00 de la mañana.

Cuando a Carmi puso a Dios en primer lugar, Dios le abrió camino para obtener un empleo mucho mejor donde tuvo libres todos los domingos, posibilitando que asistiera a la iglesia farsi con su familia. Su pastor nos contó cuán impactado está con la firme fe de Carmi y su ferviente adoración. Nunca se pierde un servicio y absorbe las enseñanzas de la Palabra de Dios. También asistió a varias semanas de instrucción relacionadas con las implicaciones escriturales del bautismo en agua y la necesidad de ser investido de poder por el Espíritu Santo, y ha sido bautizado en agua y en el Espíritu.

Otro momento emocionante en el pequeño apartamento de la familia iraní ocurrió cuando nos reunimos todos con el flamante esposo de Anahita —a quien conoció en la iglesia iraní— junto con su familia, y con el hermano de Mary de Chicago. Éramos once. ¡Qué noche para recordar!

El hermano iraní de Mary seguía haciendo preguntas sumamente inteligentes, preguntas profundas acerca del significado de la vida y asuntos eternos.

Como Jim y yo dependíamos totalmente del Espíritu Santo para responder, su sabiduría fluía entre nosotros sin impedimento. Era emocionante.

Mientras todos participábamos de la suntuosa comida de Mary, me volví hacia el flamante suegro de Anahita, que estaba sentado a mi lado, y sencillamente le pregunté: "¿Alguna vez ha tenido un encuentro personal con Jesucristo?".

"Sí", contestó. "Vino a mí en un sueño. Lo vi de pie frente a una puerta, y que golpeaba en ella. Me miraba pero no decía nada. Después desperté. Jamás lo he olvidado pero nunca lo entendí."

"Oh", dije. "Eso es muy significativo. Puedo ayudarle a comprender el propósito de ese encuentro". Yendo a Apocalipsis 3:20 en mi Biblia, le pedí que leyera en voz alta las palabras de la invitación de Jesús para abrirle la puerta de nuestro corazón de modo que Él pueda venir y entrar, establecerse, y tener comunión con nosotros, eternamente. Este hombre de sesenta y dos años nunca había oído esta verdad y estaba ansioso por aprender más. Aproveché la oportunidad para presentarle el camino de la salvación. Lo llevé a través de las escrituras y pasos que se exponen en mi folleto "Compromiso de vida con Cristo".

Le dije que a medianoche, alrededor de seis meses antes, en esa misma habitación, Carmi había respondido a la invitación de Cristo y había experimentado un cambio total en su vida. Carmi testificó entonces esa verdad y continuó compartiendo cómo en dos ocasiones recientes había despertado con un fuerte dolor en el muslo y las piernas y apenas podía caminar. Inmediatamente, clamó al Señor por ayuda y en ambas ocasiones recibió una sanidad milagrosa. La respuesta del hombre mayor a todo esto fue orar al Señor, frente a todos los que estábamos en esa habitación mirando y escuchando, una oración de compromiso con Cristo, y reconociéndolo abiertamente como Señor y Salvador.

Mientras esto tenía lugar, Jim y yo notamos que su hija de treinta años escuchaba atentamente. Preguntó: "¿Es posible oír la voz de Dios? ¿Él se comunica con las personas?". Jim aprovechó la sincera búsqueda de la verdad de su corazón y fue, se sentó a su lado, y pasó un maravilloso momento presentándole las demandas de Cristo. Le dio una copia de mi libro *Forever Ruined for the Ordinary: The adventure of Hearing and Obeying God's Voice* (Termine para siempre con la rutina: La aventura de oír y obedecer la voz de Dios), que tiene el camino de salvación claramente explicado al final. Jim estaba convencido de su sinceridad y resaltó las preguntas muy inteligentes y muy bien elaboradas que le estuvo haciendo. Su hermano, Arish, le había dicho que leyera ese libro y hecho comentarios muy favorables acerca de su contenido.

Nos fuimos a dormir las 2:30 a.m. ese domingo por la mañana, tan eufóricos que era difícil dormir. Estoy convencida de que hay innumerables extranjeros solitarios, luchando con el idioma y luchando financieramente, a quienes Dios envió a nuestras tierras de los Estados Unidos. Su plan es hacerles conocer la vida y la libertad en el Señor Jesucristo. Él anhela que nosotros, sus hijos, tengamos carga por esas almas perdidas, que tengamos compasión de sus dificultades y pesares, los alcancemos y seamos los brazos del Señor extendidos hacia ellos por medio del evangelismo de amistad.

No se me ocurre nada más emocionante o reconfortante que cuando cooperamos con el plan de Dios. Nos hacemos el mayor favor y somos indeciblemente bendecidos. No es complicado. Sólo pídale cada día a Dios que cruce en el camino de su vida personas a quienes Él quiere que les testifique y les ayude a convertirse en discípulos. Y después, cuando Él lo haga, obedezca la guía del Espíritu Santo. Puedo garantizarle que acabará con la rutina. Al mismo tiempo, se poblará más el cielo, y menos el infierno.

Los siguientes puntos caracterizaban cada encuentro de Jesús con un alma perdida:

- Él tenía un profundo interés por su situación inmediata así como por su bienestar eterno. Su compasión se evidenciaba al satisfacerles su más profunda necesidad personal. Su acercamiento nunca fue del "tipo computadora".

- Jesús era compelido a testificar a cada uno a quien el Padre lo dirigía, sin mirar el costo personal de su reputación o su comodidad.

- Orar a su Padre durante el proceso de satisfacer las

necesidades humanas era un estilo de vida (Lucas 5:15-16).

- Fue investido de poder por el Espíritu Santo (Lucas 3:21-22).

- Jesús tenía un corazón con carga por los perdidos. Ésta era la mayor motivación para alcanzarlos. Y será lo mismo para nosotros, si vamos a ser efectivos.

Podemos acumular muchas estadísticas sobre cuántas personas no han sido evangelizadas. Podemos estudiar métodos de evangelismo. Podemos ser parte de los programas más altamente desarrollados relacionados con el evangelismo personal y masivo. Podemos testificar por un sentido de obligación hacia Dios y hacia los líderes espirituales que nos dicen que es necesario que lo hagamos. Podemos predicar mensajes sobre la necesidad de alcanzar a los que están lejos... *y no tener ninguna o muy poca carga por los perdidos*, lo cual da como resultado que seamos relativamente ineficaces en alcanzar personas para Cristo; mientras que una persona con una carga dada por Dios por los perdidos será inevitablemente eficaz, sin que necesariamente participe en todas las cosas antes mencionadas.

ESTRATEGIAS DE LA VIDA DE JESÚS COMO GANADOR DE ALMAS

La primera estrategia de Jesús era que Él iba adonde estaba la gente, lo cual significa que la mayoría de las almas que ganaba estaban fuera de las sinagogas. No esperaba que la gente fuera hacia Él en el templo. Él iba hacia ellos.

Encontró a la mujer samaritana junto a un pozo a la hora del almuerzo. Encontró a los pescadores Andrés, Pedro, Jacobo y Juan junto a un lago. Encontró a Mateo el cobrador de impuestos en su trabajo. Halló a Zaqueo el rico cobrador de impuestos arriba de un árbol en las calles de Jericó y más tarde le habló en su casa. Encontró a Bartimeo el mendigo ciego a la vera del camino. Halló al endemoniado de Gadara junto a un lago. Encontró al hombre ciego de nacimiento, de Juan 9, mientras caminaba por la calle.

¿Cuál es el significado de todo esto para nosotros? La respuesta se halla en Lucas 9:1-2:

> "Habiendo reunido a sus doce discípulos, les dio poder y autoridad sobre todos los demonios, y para sanar enfermedades. Y los envió a predicar el reino de Dios, y a sanar a los enfermos".

Los siguientes versículos dejan en claro que *ellos tenían que ir hacia donde estaba la gente.*

> "Y les dijo: 'No toméis nada para el camino...'" y saliendo, pasaban por todas las aldeas,

anunciando el evangelio y sanando por todas partes".

—Lucas 9:3, 6

Estos versículos también dejan en claro que orar por los enfermos era una parte automática de presentar el evangelio. Nunca podremos mejorar los métodos de evangelismo de Jesús, simplemente porque ése es el modelo que nos dio.

Me sentí profundamente conmovida cuando leí el siguiente reporte de cómo funciona esto, en el informe de Jim Green de cómo un joven evangelista de Cruzada Estudiantil y Profesional para Cristo presentó el evangelio a un pueblo musulmán con la película *JESÚS*.

Nuestro equipo estaba haciendo alrededor de seis salidas por semana en un ómnibus (en un lugar muy duro). Íbamos en dirección a una gran aldea y enviamos delante un colaborador a fin de preparar una reunión con el jefe, para pedirle permiso y anunciar la exhibición de la película *JESÚS*.

Cuando llegué, el colaborador estaba tratando infructuosamente de persuadir al jefe. Él no quería tener nada que ver con *JESÚS* y declaró: "Soy musulmán, y un líder musulmán. Dirijo la mezquita, y soy el jefe de la aldea. Desde que la aldea existe, nunca hemos permitido otra religión. ¡No harán nada aquí!".

Con el Espíritu Santo como guía, contesté respetuosamente: "Venimos aquí a mostrarle a usted y a su gente la película *JESÚS*, a predicar el evangelio, y sanar a los enfermos".

Respondió: "¿Qué dijo? ¿Sanar a los enfermos? ¿Realmente? ¿Es posible eso?".

"Sí, si usted nos permite mostrar la película *JESÚS* y predicar el evangelio."

Miró a su segundo al mando y guardó silencio. Hubo una pausa mientras pensaba. El jefe se volvió hacia mí y dijo: "¿Realmente? ¿Sanar a los enfermos? Está bien, queremos ver eso". Con su permiso, nuestro equipo se fue a trabajar a una gran cancha de fútbol. Descargaron el equipo de proyección y el generador, prepararon la película, colocaron la pantalla, el altavoz y las luces. Después salieron a anunciar la película.

Alrededor de cinco mil personas vinieron esa noche y llenaron la cancha de fútbol. *Sólo había espacio para estar de pie*. Algo estaba ocurriendo. Cuando empezó la proyección, me fui al auto y oré pidiendo a Dios que me diera una palabra para esas personas cuando la película finalizara.

Estaban profundamente conmovidos por la película *JESÚS*. Era tan literalmente extraño para ellos, y sin embargo tan maravilloso. Estaban atónitos por la vida del Hombre bueno, su crucifixión, y resurrección. [Él está describiendo el poder de la Palabra de Dios sobre la cual se basa totalmente la película, un mensaje que penetró profundamente en sus almas.]

Las personas escuchaban de una manera que nunca había visto en ninguna otra reunión de alcance. Sentía como si el Espíritu Santo se estuviera posando sobre todo el campo de juego y la aldea, llamándolos a salir de las tinieblas. Su presencia era muy fuerte.

Por el micrófono llamé: "¿Cuántos aquí reconocen que necesitan un Salvador?" Casi todos levantaron sus manos. Había un grupo de jóvenes a mi derecha. Algunos levantaron sus manos y su voz: "¡Necesitamos que nuestros pecados sean perdonados!" Luego otros al lado gritaron: "¡Necesitamos que nuestros pecados sean perdonados!"

Todos comenzaron a clamar a Dios por misericordia. Así que, en ese momento, dirigí a todo el grupo de cinco mil personas en la oración de salvación. Luego hablé a la multitud. "Éste Jesús no es sólo un Salvador sino que es un Sanador, y hoy desea sanar a todos los que estén enfermos. Traigan a los enfermos adelante". Así que, uno a uno, vinieron: primero cerca de doce hombres y mujeres con problemas en la espalda. Él los sanó a todos, instantáneamente. Trajeron un muchacho sordo, de alrededor de ocho años de edad. El Señor lo sanó. La gente seguía viniendo y continuaba siendo sanada. Dios estaba obrando ¡confirmando su Palabra y a su Hijo! Fue simplemente increíble.

A mi derecha estaba de pie el jefe, líder de la mezquita y de la aldea. Entonces me volví hacia él y le dije: "¿Ve lo que está ocurriendo?".

Contestó: "Sí. ¿Puedo decirle algo a mi gente?". Le di el micrófono y él se adelantó. Habló a los cinco mil: "Lo que ustedes han visto es real porque no hay hombre que pueda hacer lo que han visto a menos que Dios esté con él y con las personas que han venido a nosotros. El Señor está con ellos. Ahora, ¡traigan todos los enfermos de la aldea! *¡Vayan a sus hogares y tráiganlos aquí!*".

Mientras yo seguía orando por las personas, un padre vino corriendo. Sostenía a su hija en brazos. Ella tenía siete años, totalmente ciega de nacimiento. Me suplicó: "Por favor, ore por mi hija".

Dije: "¿Usted cree que Jesús la sanará?".

Contestó: "¡Por eso la traje!". Oré por ella y luego moví mi mano frente a su rostro. Comenzó a moverse y seguir mi mano. Podía ver.

Movió su cabeza a la izquierda, hacia la plataforma y las luces. Estaba muy asombrada por las luces y todo lo que estaba viendo. Todavía estaba en los brazos de su padre, y él le preguntaba: "¿Ves? ¿Ves?".

Ella volvió sus ojos hacia él, y miró el rostro de su padre por primera vez en su vida. Conocía su voz, pero nunca había visto su rostro. Ambos miraban sus rostros con sorpresa. Contestó: "Puedo verte".

¡Nuestro Dios es tan maravilloso! Ese día las personas vieron el evangelio viviente ante ellos a través de estos milagros que lo confirmaban y de la película *JESÚS* en su propio idioma. Experimentaron la Palabra viviente de Dios que llegó a sus corazones, la Palabra que el Espíritu Santo usaba para abrir sus corazones para que conocieran a Dios.

Como creo que esta parte de la vida y el ministerio de Jesús para alcanzar a los perdidos es tan importante, le voy a dar otro ejemplo, del ministerio *Cruzada Estudiantil y Profesional para Cristo*, con el uso de la película *JESÚS*, tomada directamente del evangelio de Lucas. Nuevamente, el escenario fue un área resistente de mayoría musulmana.

La gente quedó cautivada por el relato de los milagros de Jesús, su muerte expiatoria y su gloriosa resurrección. Fueron atrapados por el concepto de su amor y perdón, ideas que les resultaban completamente extrañas.

Cuando el DVD terminó, un evangelista se puso de pie sobre un camión y habló a la multitud. Predicó el evangelio nuevamente y proclamó un versículo que el Señor le había dado: Marcos 9:23 (NVI): "Para el que cree, todo es posible".

Un hombre cojo al fondo de la multitud gritó: *"¡Yo creo que puedo volver a caminar!"*.

Las cabezas se volvieron... y todos los ojos se fijaron en el hombre. La multitud guardó silencio. Lentamente, el hombre comenzó a arrastrarse con sus brazos hacia el frente. Las lágrimas rodaban por sus mejillas mientras gritaba: *"¡Yo creo...yo creo...yo creo!"*.

Cuando al fin se abrió camino a donde se hallaba el evangelista, éste lo miró con gran compasión y ordenó: *"¡Camina, en el nombre de Jesús!"*. Entonces Dios intervino. Mientras una multitud atónita seguía mirando, el hombre se puso de pie, dio un paso, luego otro, y otro. ¡Estaba caminando a la vista de todos! La Palabra de Dios fue confirmada. Comprendieron que Jesús era el verdadero Dios viviente. Esa noche muchos indicaron su decisión por Cristo y fueron liberados del engaño y de las tinieblas.

Una líder de este equipo nos contaba que momentos como esos son comunes, ya que los equipos usan habitualmente sólo un DVD y un proyector. Ella informa que a menudo hay "una respuesta masiva y abundante entusiasmo... *que la gente se apiña sobre nosotros después de las exhibiciones, queriendo oración. Las multitudes expresan a gritos su aprobación mientras los ciegos y los sordos reciben otra vez la vista y el oído, ratificando que este Jesús, a quien han oído hablar en su propio idioma, verdaderamente es Dios. Después de las reuniones cientos de nuevos creyentes nos ruegan 'por favor construyan una iglesia aquí. No queremos seguir nuestra*

religión anterior nunca más'. ¡En esta área
Dios ha usado la película JESÚS para plantar
iglesias aldea tras aldea!".

Ya existen 988 traducciones diferentes de la película *JESÚS*.

La segunda estrategia que Jesús usó para ganar a los perdidos es que siempre fue sensible a las indicaciones del Padre sobre la manera más sabia de abordar a cada individuo. Y varía grandemente. Por ejemplo, cuando el ciego Bartimeo, el mendigo, clamaba por misericordia, en el camino, Jesús satisfizo primero su necesidad física de ver. Luego leemos que inmediatamente él siguió a Jesús, glorificando a Dios. Qué maravillosamente ha sido usado en todo el mundo ese mismo método de satisfacer la necesidad humana para un evangelismo eficaz. Los ministerios Fondo Samaritano, los muchos ministerios de ayuda que operan en todo el mundo a través de JUCUM, y los numerosos orfanatos y ministerios internacionales de ayuda para el SIDA, para nombrar sólo algunos, confirman esto.

Es fascinante ver la estrategia totalmente diferente que Jesús utilizó con el joven dirigente rico. (Vea Lucas 18:18). En este caso Jesús le dijo que el seguir a Jesús le demandaría vender todo lo que poseía y dar lo recaudado a los pobres. Esto fue sólo porque Jesús vio que la mayor necesidad que tenía este hombre era una revelación de su amor por las riquezas y las posesiones, en relación con los asuntos y valores eternos.

Luego vemos otra estrategia que usó Jesús con el endemoniado de la región de Gadara. (Vea Marcos

5:1). Jesús percibió el gran deseo de ser liberado que tenía ese hombre, así que primero echó fuera la legión de demonios. Luego el hombre expresó un gran deseo de permanecer con Jesús como su seguidor. Pero en cambio Jesús le dijo que fuera a su casa y a sus amigos y les contara las grandes cosas que el Señor había hecho por él, y cómo Jesús había tenido compasión de él.

Este relato nos muestra cómo no debemos hacer suposiciones sobre los métodos, sino buscar a Dios sobre la estrategia específica para cada individuo, porque generalmente es más acertado asegurarse de que la persona quiere aceptar a Jesús como su Señor antes de liberarla de los espíritus demoníacos. Qué absolutamente fascinante es Jesús.

Finalmente, echemos una mirada a la estrategia de Jesús con Nicodemo, un miembro del concilio judío y maestro líder del Antiguo Testamento. El abordaje de Jesús no pudo ser más directo; fue derecho a la necesidad más profunda del corazón del hombre. Jesús dijo: "De cierto, de cierto te digo, que el que no naciere de nuevo, no puede ver el reino de Dios" (Juan 3:3).

Jesús no filosofó con el rabino erudito ni entró en discusiones teológicas. Le dio de la manera más sencilla posible el mensaje del evangelio: "De tal manera amó Dios al mundo, que ha dado a su Hijo unigénito, para que todo aquél que en él cree, no se pierda, mas tenga vida eterna" (Juan 3:16). Tómalo o déjalo.

Entonces ¿qué aprendemos de las estrategias de Jesús? Solamente el Espíritu Santo sabe cuál es la necesidad clave de cada persona, y mientras dependamos totalmente de Él para que nos guíe momento a momento durante nuestros encuentros con las almas necesitadas, Él sencillamente nos dirigirá al modo de aproximación que se ajusta a cada necesidad. Eso se llama caminar sobre el agua. Es apasionante. Y sólo Dios puede llevarse la gloria, porque es totalmente sobrenatural. ¡Aleluya!

Me encanta el siguiente relato que proviene de la organización misionera a la cual pertenezco, llamada JUCUM. Una estudiante que se estaba entrenando en una de las Escuelas de Entrenamiento de Discipulado, la cual se hallaba en Holanda, se encontraba un día en las calles de Ámsterdam, cuando se encontró con un joven sentado en el pavimento con una obvia gran necesidad... en todo sentido. Dirigida por el Espíritu Santo se acercó a él, con un corazón con carga por su alma perdida, y amable y sencillamente y dijo: "Tú necesitas al Señor Jesús".

Luego procedió a comprarle una hamburguesa y lo llevó a una tienda y le compró algo de ropa nueva. Finalmente lo invitó a ir con ella el día siguiente a una reunión evangelística donde, por primera vez, él oyó el camino de salvación. Fue impactado por esta demostración de la vida del Señor Jesús en la vida de esa joven, además de ser confrontado con la manera en que su vida podía ser transformada dándola a Quien él había aprendido que era el Camino, la Verdad, y la Vida. John Goodfellow eligió convertirse en un verdadero seguidor de Aquél, el Señor Jesucristo.

Varios años después de haber pasado por las escuelas de entrenamiento de JUCUM, John llegó a ser uno de los evangelistas de aire libre más efectivo de JUCUM, con demostraciones del poder milagroso de Dios manifestado en la salvación de almas y la sanidad de cuerpos. Lo sé. He estado en las calles y lo he oído y lo he visto suceder. De hecho, el fue el evangelista principal de esa cruzada en las calles de Durban durante el Festival GO en Sudáfrica que mencioné anteriormente en este libro.

La tercera estrategia de la vida de Jesús como ganador de almas es que Él es nuestro mayor ejemplo en la interacción transcultural e interracial. El ejemplo clásico sería su diálogo con la mujer samaritana junto al pozo. Tanto los discípulos como la mujer estaban asombrados de encontrarlo a Él, un varón judío, hablando con una mujer samaritana. Ninguna de estas cosas se hacía *jamás* por razones culturales.

Es interesante notar que Jesús rompió esa barrera cultural y racial al pedirle que le hiciera un favor dándole de beber. ¡En su humildad declaró que necesitaba la ayuda de ella! Como judío, quienes nunca tenían nada que ver con los samaritanos, Jesús estaba rompiendo con todas las reglas tradicionales y culturales. Pero a Jesús no lo afectan los prejuicios de los hombres. Fue movido a testificar a esta mujer a pesar del inevitable juicio erróneo de los hombres y sin fijarse en el costo físico personal. Jesús estaba cansado, sediento y con hambre después de una larga caminata. Y era la hora del almuerzo.

El Padre Dios le reveló a su Hijo, Jesús, cómo el pedirle a ella que le diera agua era el resquicio perfecto para entrar en el tema de la necesidad espiritual que ella tenía del agua de vida. A través de la conversión de una mujer inmoral influyente, una ciudad entera es alcanzada con el evangelio, y muchos se convierten. Seguramente parecía muy improbable que ella fuera una evangelista potencial.

Neville y Wendy McDonald son los pastores principales de la Iglesia Healing Word Internacional de Los Ángeles, California. Ellos son muy amigos míos, ¡y hemos pasado muchas horas compartiendo las maravillas que Dios hace, punto! Son experimentados en plantar iglesias en las ciudades. Me fascinó aprender de ellos que, dondequiera que sean enviados por Dios a un nuevo lugar, piden a Dios que los dirija a la persona de mayor influencia de la ciudad y la más notoria. El propósito es ganarla primero para el Señor. Parece que Jesús tenía la misma estrategia.

Sin embargo, nunca debemos racionalizar quiénes son las personas más influyentes para alcanzar una ciudad para Cristo, sino obedecer las indicaciones del Espíritu Santo al testificar. Fue directamente después de ganar a esta mujer para Sí mismo como discípula, que Jesús dijo: "Alzad vuestros ojos y mirad los campos, porque ya están blancos para la siega" (Juan 4:35).

Las personas menos probables según nuestro razonamiento humano pueden ser usadas por Dios para traer a su reino una gran cosecha de almas perdidas. Piense en el hombre de la región de Gadara de quien Jesús expulsó una legión de demonios. Como resultado directo de su regreso a esta región, llamada Decápolis (que significa diez ciudades), y de testificar del poder de su liberación, la Biblia dice que toda la gente estaba atónita. El notable testimonio de este hombre tuvo un profundo efecto en las diez ciudades. En los registros escritos en Mateo 4:25 y Marcos 7:31, encontramos que había una gran conmoción en esa región respecto al ministerio de Jesús, y muchos lo siguieron.

Dios quiere comunicarnos las siguientes verdades mediante estas dos personas comunes que tuvieron un encuentro personal con Jesús: Él tiene corazones preparados *allí fuera*, precisamente ahora, hoy, en nuestras circunstancias diarias, esperando que nosotros les demos el mensaje de la resurrección que le dio a María Magdalena: "Ve y diles que estoy vivo y me he revelado a ti". Están esperando oír. Están deseando respuestas. Están desesperados. Sus corazones serán receptivos. Se hallan en hoteles y edificios de apartamentos, en las casas, en las calles, en las playas, en las gasolineras, en los aviones, en los bares, en los restaurantes.

Escuche el clamor del corazón de Dios en Joel 3:13-14:

> "Echad la hoz, porque la mies está ya madura. Venid, descended, porque el lagar está lleno, rebosan las cubas; porque mucha es la maldad de ellos"...Porque cercano está el día de Jehová en el valle de la decisión".

Es importante que entendamos que nuestro modelo, el Señor Jesús, nunca se impresionó ni se intimidó por los diversos niveles sociales de los cuales provenían las personas. Siempre tenía conciencia de Dios el Padre, así que nunca se sintió cohibido.

Cuando Jesús estaba comiendo en la casa de un líder religioso, una ex prostituta se coló en la fiesta y derramó su profunda devoción sobre Jesús en agradecimiento porque le perdonó sus muchos pecados (Lucas 7:36-50). Jesús obviamente no sintió vergüenza alguna. Se encontraba igualmente tranquilo con cada uno de estos diferentes niveles de la sociedad, y con que ellos estuvieran junto con Él.

Jesús no titubeó en reprender al anfitrión religioso por su juicio equivocado sobre Él por permitir que ella continuara su expresión de afecto. Y después señaló la frialdad del pretencioso corazón del fariseo hacia Él.

Jesús siempre iba directamente al grano cuando a la persona le hacía falta una mayor revelación sobre su propia necesidad de arrepentirse de sus pecados. El Espíritu Santo nos dará ese conocimiento mientras lo buscamos y esperamos que nos lo transmita. Es una clave importante en evangelismo personal y puede ahorrarnos horas de tiempo.

La estrategia final de la vida de Jesús como ganador de almas que deseo compartir con usted es que Él nunca llevó a nadie a creer que era una decisión liviana la que tomaban al seguirlo porque no era verdad. Sabía que, a menos que tuvieran en cuenta el costo y consagraran sus vidas totalmente a Él, nunca podrían ser sus discípulos. Jesús dejó muy en claro el costo. Escuche sus palabras en Lucas 14:27: "Y el que no lleva su cruz y viene en pos de mí, no puede ser mi discípulo". El versículo 33 reitera esta verdad afirmando: "Así, pues, cualquiera de vosotros que no renuncia a todo lo que posee, no puede ser mi discípulo".

Eso sencillamente significa que es necesario que renunciemos al derecho de hacer lo que queramos. Significa que todo lo que tenemos es suyo, y Él tiene derecho a decirnos lo que tenemos que hacer con cualquier cosa en cualquier momento. Significa que capitulamos totalmente ante Él. Abandonamos el derecho a tomar nuestras propias decisiones. Es, de su parte, una toma total del poder, a nuestro pedido.

Si le parece que es aterrador, ésta es mi respuesta: piense a quién se está entregando usted: a todo el conocimiento, infinita sabiduría, justicia absoluta, fidelidad inquebrantable, santidad formidable, poder ilimitado, y al amor inconmensurable. Eso representa la máxima seguridad. Me hago un favor a mí misma al correr hacia Él y decir: "¡Pues bien, hazte cargo... rápido!". ¡Es aterrador NO hacerlo!

En realidad, también encontramos que Jesús nos prueba a todo lo largo del camino. Eso forma parte de llegar a ser un verdadero discípulo. Cuanto más íntimos lleguemos a ser en nuestra amistad con Él, más grandes serán las pruebas. Esto es muy evidente al estudiar la Palabra de Dios. Observe las pruebas increíbles por las que pasaron Job, Abraham, Moisés, José, David, María (la madre de Jesús), Ana, Ester, Daniel, Pablo, y el apóstol Juan. Se podrían escribir libros acerca de sus recompensas, porque Dios es absolutamente recto y justo.

Ya hemos observado que Jesús era amigo de los pecadores. Escuche la alineación.

- La mujer samaritana del pozo que tenía cinco maridos y vivía en adulterio.

- La mujer que los líderes religiosos le trajeron, que fue atrapada en el acto de adulterio.

- La ex prostituta en la casa de Simón

- Zaqueo, el deshonesto cobrador de impuestos

¿Tenemos amistad con personas inconversas por quienes oramos regularmente? ¿Estamos viviendo ante ellos una vida como la de Cristo? ¿Les estamos testificando acerca de la realidad de Cristo en nuestra vida? Las estadísticas prueban que la mayoría de las personas se convierten y son discipuladas uno a uno en el evangelismo de amistad.

APLICACIÓN DE ESTA ENSEÑANZA

Donde sabemos que no somos semejantes a Jesús como el maestro ganador de almas, es necesario que lo confesemos y nos arrepintamos de las *causas*, las cuales nos serán reveladas mientras respondemos las siguientes preguntas.

1. ¿Tiene usted una verdadera ambición espiritual por la extensión del reino

de Dios y por lo tanto una verdadera carga por los perdidos?

2. Los asuntos eternos ¿constituyen los intereses más profundos de su vida?

3. ¿Está preocupado por sus propias ambiciones, necesidades, y problemas y por lo tanto no se involucra con los perdidos?

4. ¿Está preocupado por las responsabilidades de sus otros ministerios hasta excluir el testificar y el ganar almas de manera personal?

5. ¿Se ha confrontado alguna vez con el hecho de que así como generalmente nacemos para reproducir hijos naturales, nacemos de nuevo para reproducir hijos espirituales por medio del poder del Espíritu Santo que viene al testificar y orar por los perdidos? ¿Qué está haciendo con esa responsabilidad y ese deber?

6. ¿Con qué frecuencia tiene un testimonio efectivo con no cristianos?

7. ¿Está buscando amistad con no cristianos a fin de ganarlos para Cristo?

8. ¿Cuántas almas perdidas ha llevado al Señor personalmente? ¿Muchas? ¿Pocas? ¿Ninguna?

9. ¿Cuándo fue la última vez que guió un alma a Cristo?

10. ¿Tiene una lista de almas perdidas por quienes ora con regularidad? Si es así, ¿aumenta en número regularmente?

11. Jesús dijo que el evangelio debe ser predicado primero a todas las naciones, y entonces vendrá el fin (Marcos 13:10). Ya que Marcos capítulo 13 se relaciona con la segunda venida del Señor, su presente manera de vivir ¿acelera o dificulta su venida?

12. ¿Está sinceramente interesado en las respuestas a estas preguntas?

ORACIÓN DE ARREPENTIMIENTO SUGERIDA PARA CUANDO SEA PERTINENTE

Poderoso Dios, reconozco mi carencia de una verdadera carga por los perdidos: mi falta de oración, y el no involucrarme con ellos. Me humillo ante ti y reconozco mi gran orgullo que se manifiesta en vivir de modo opuesto a las prioridades y a los principios por los cuales tu Hijo vivió con gran humildad cuando estaba en la Tierra. Reconozco la idolatría de mi vida que se manifiesta al estar más interesado en hacer lo propio que en lo que tú quieres. Me arrepiento del pecado de desobediencia a estas verdades de tu Palabra. Elijo llegar a estar desesperado por transformarme en un testigo y un ganador de almas.

UNA ORACIÓN SUGERIDA PARA ORAR CON FRECUENCIA

Los pecadores perdidos están muriendo en
   tinieblas hoy,
Y parece que nadie está dispuesto a mostrar-
   les el camino.
Oh lléname con pasión y visión para orar;
Hazme un ganador de almas.
Hazme un ganador de almas,
Hazme un ganador de almas.
Guíame, te ruego, hacia alguien hoy.
Hazme un ganador de almas.[1]

En mi libro *Intercession, Thrilling and Fulfilling* (Intercesión, emoción y plenitud) encontrará muchas más enseñanzas e ilustraciones de inspiración, con pautas respecto a cómo orar eficazmente por otros temas vitales.

Capítulo siete

JESÚS EL MODELO
DE LEÓN

E l principal ministerio de Satanás, sea al Cuerpo de Cristo o al inconverso, es intentar y dar una visión distorsionada de Dios: de su carácter y su personalidad.

Esta enseñanza de la Palabra de Dios ayudará a frustrar esa posible distorsión. Me apeno cuando pienso en las muchas iglesias de todo el mundo que retratan al Señor Jesús, en esculturas y pinturas, colgando fláccido y sin vida sobre una cruz: el emblema de la debilidad. Mientras que la realidad es que nuestro precioso Salvador cargó nuestros pecados y, habiendo pagado la totalidad del precio de nuestra redención, gritó sobre la cruz las palabras triunfales: "Consumado es".

Después de su muerte y resurrección corporal, habiendo comisionado a sus discípulos presentes y futuros para ir y evangelizar y discipular a todas las naciones en el poder del Espíritu Santo, ascendió al cielo y está sentado a la derecha del Padre, intercediendo por los suyos. Por lo tanto tenemos que pensarlo como el Rey Dios que conquistó todo, el monarca que impera y reina sobre el universo.

Para poder entender algunas de las maravillas de esta asombrosa y completamente única persona del Altísimo, investigaremos dos aspectos opuestos de su personalidad. En este capítulo, empezaremos con su semejanza a un león. Apocalipsis 5:5 describe al Señor Jesús como "El león de la tribu de Judá", el único que podía "abrir el libro y desatar sus siete sellos." Esto describe la suprema autoridad.

El profeta Malaquías predijo enérgicamente que el Señor Jesús vendría y expondría a la luz los pecados de ofrendas injustas hechas por el pueblo de Dios y el juicio que seguiría (Malaquías 3). Esta profecía fue dramáticamente cumplida cuando leemos acerca de Jesús a comienzos de su ministerio público.

Entró en el templo, y obrando con la osadía y la intrepidez del león, tomó autoridad y echó a los cambistas con un azote de cuerdas y volcó las mesas. "Dijo a los que vendían palomas: Quitad de aquí esto, y no hagáis de la casa de mi Padre casa de mercado" (Juan 2:16). Jesús les dijo que la casa de su Padre debía ser casa de oración para todas las naciones, pero ellos la habían hecho una cueva de ladrones (Marcos 11:17).

Este incidente representa el rugido del león entre las otras bestias, haciéndoles saber que no les conviene meterse con él cuando están en su territorio. Este aspecto de la fuerza es descrito en Proverbios

30:30: "El león, poderoso entre las bestias, que no retrocede ante nada (NVI)". Jesús estaba interpretando la justificada ira de su Padre porque había hombres que profanaban el lugar donde se debía manifestar la gloria de Dios.

La Biblia tiene algunas cosas importantes que decir acerca del rugir de Dios como un león:

"Ruge el león; ¿quién no temblará de miedo? Habla el SEÑOR omnipotente; ¿quién no profetizará?".

—Amós 3: 8

Otra vez, leemos en Oseas 11:10:

"El SEÑOR rugirá como león, y ellos lo seguirán. Cuando el SEÑOR lance su rugido, sus hijos vendrán temblando de occidente".

Hay ocasiones excepcionales, tal como hemos visto en el ministerio público de Jesús en el templo, en que el Espíritu Santo manifiesta el enérgico desagrado de Dios ante una situación dada entre su pueblo por medio de un líder espiritual ungido, designado por Él. Ese líder actúa en el temor del Señor, carente de temor al hombre, con un corazón amoroso, lleno de ambición espiritual para el pueblo a quien está exhortando, y deseando ardientemente su bien y la extensión del reino de Dios.

El resultado es siempre positivo cuando se cumple cada una de esas condiciones. Leemos:

"Fuente de vida es la boca del justo, pero la boca del malvado encubre violencia".

—Proverbios 10:11, NVI

En una memorable ocasión tuve el gran privilegio de ver demostrada esta verdad. Era cuando estábamos viviendo en Auckland, Nueva Zelanda, y éramos miembros de la Iglesia Bautista Hillsborough. El pastor era el Reverendo Hayes Lloyd. Era un ex presidente de la Unión Bautista de Nueva Zelanda. Para la época de este incidente, él sólo llevaba tres meses como pastor de esa iglesia.

Como estilo de vida, yo intercedía fervientemente durante toda la semana para que mi pastor tuviera una clara comprensión de la palabra del Señor que debía ser dada a las personas desde la Palabra de Dios no sólo algún buen mensaje de la verdad. En el proceso de esta intercesión comprometida recibí, durante una semana, la nítida impresión de que Dios iba a exigir que Hayes Lloyd hablara con osadía de algunas cosas muy difíciles. Yo tenía cero conocimiento de lo que se trataba. Compartí esto solamente con mi esposo, Jim y oré ferviente y frecuentemente que el temor de Dios estuviera sobre nuestro pastor, capacitándolo para estar libre del temor del hombre.

En el servicio matutino del domingo siguiente, Hayes Lloyd pronunció un buen mensaje sobre Romanos 16, donde Pablo honró a una larga lista de compañeros de trabajo que sirvieron con él en el ministerio. Aproximadamente diez minutos antes del cierre del mensaje, le susurré a Jim: "¡Esto *no* es lo que estuve cargando en mi espíritu durante toda la semana!". Así que insistí ante Dios con la más intensa oración silenciosa, como la que Ana hizo en el templo. No podía soportar perder los propósitos estratégicos de Dios para nosotros (cualesquiera que fuesen).

¡Entonces ocurrió! Repentinamente y sin ninguna advertencia, nuestro amado pastor dijo: "Ése es el final del mensaje. Pero no es el final del servicio". Inmediatamente codeé a Jim y le dije: "Aquí viene, querido" (con inmenso alivio y un indescriptible sentido de emoción y expectación).

Durante los impresionantes diez minutos siguientes, con la osadía y autoridad de Elías en el monte Carmelo, ese precioso siervo de Dios rugió como un león mientras llamaba a toda la iglesia a "romper los rótulos" que estaban causando división entre nosotros... rótulos llamados bautistas, carismáticos, pentecostales, evangélicos, etcétera. Nos llamó a ser "uno en Cristo Jesús" con intensidad y fervor. Para manifestar verdadero arrepentimiento y quebrantamiento ante Dios y el hombre, nos pidió que nos arrodilláramos sobre el piso en humildad y lo tratáramos con Dios. ¡Usted podría haber oído caer una pluma sobre un almohadón de terciopelo! ¡El impacto fue palpable!

El silencio solamente fue quebrado por el llanto de las personas que se arrepentían de sus pecados, algunas de rodillas y otras tendidas sobre el piso. Dios había venido en respuesta a un hombre de Dios que pagó el precio de ser como su Maestro, confirmando las palabras de Proverbios 28:1: "Huye el impío sin que nadie lo persiga; mas el justo está confiado como un león". Hayes Lloyd había tenido una renovación personal en el Espíritu, permitiéndole a Dios hacer una obra profunda para producir primero el cambio en su propia vida, antes de llamar al pueblo que pastoreaba a hacer lo mismo.

Aquella mañana marcó un hito significativo en la vida de esa iglesia, desde el cual más tarde fuimos comisionados y enviados a la evangelización del mundo. Y Hayes y May Lloyd llegaron a ser dos de nuestros amigos más apreciados y más íntimos.

Volvamos a Jesús. Al estudiar este tema de la Palabra de Dios, he encontrado en la vida de Jesús catorce ocasiones en que reprendió fuertemente a otros. Fue a los fariseos o a sus discípulos. La confrontación nunca es fácil. Me desagrada enormemente. Pero sé que Dios nos pedirá cuentas en un día futuro si no hemos pagado el precio de ayudar a otros en su desarrollo espiritual. Si no están viviendo de acuerdo con los estándares bíblicos y se hallan en nuestra esfera de liderazgo, debemos darles, suavemente y con amor, instrucción y mucho estímulo, para que se den cuenta y hagan los cambios.

Jesús no dejó a sus discípulos ninguna duda sobre cómo se sintió cuando quisieron mandar que cayera fuego del cielo como juicio sobre los samaritanos que habían rechazado su ministerio:

"Viendo esto sus discípulos Jacobo y Juan, dijeron: Señor, ¿quieres que mandemos que descienda fuego del cielo, como hizo Elías, y los consuma? Entonces volviéndose él, los reprendió, diciendo: Vosotros no sabéis de

qué espíritu sois; porque el Hijo del Hombre
no ha venido para perder las almas de los
hombres, sino para salvarlas. Y se fueron a
otra aldea."

—Lucas 9:54-56

Una persona de corazón humilde y compasivo
siempre pedirá a Dios que extienda misericordia a los
que rechazan a Jesús, aunque Dios haya pronunciado
juicio contra ellos. Éste era el secreto de Moisés, el
mayor intercesor del Antiguo Testamento. Amo el
versículo de Santiago 2:13: "Porque juicio sin misericordia se hará con aquel que no hiciere misericordia;
y la misericordia triunfa sobre el juicio".

Jesús enseñó: "Bienaventurados los misericor-
diosos, porque ellos alcanzarán misericordia" (Mateo
5:7). He observado durante mi vida larga que quienes
son sentenciosos y despiadados con los otros, en
alguna oportunidad posterior se encuentran, inevitablemente, en circunstancias difíciles... clamando a
Dios y preguntando por qué sus oraciones no están
siendo respondidas. El orgullo es siempre la base de
un corazón despiadado. Sin la misericordia de Dios,
todos seríamos consumidos. (Vea Lamentaciones
3:22.) Dios no le debe nada a ninguno de nosotros...
nunca. Punto.

En Lucas 11:52, Jesús hace una declaración muy
fuerte a los abogados de su época. Lo escuchamos
reprenderlos públicamente con la osadía de un león
cuando dice: "¡Ay de ustedes, expertos en la ley!,
porque se han adueñado de la llave del conocimiento.

Ustedes mismos no han entrado, y a los que querían entrar les han cerrado el paso".

Nada que yo haya escrito debería darle a nadie licencia para ventilar su cólera o frustración personal en público. Eso le causará el desagrado de Dios y sólo distancia a un pastor de su rebaño. En el ejemplo que he citado en esta sección, el hombre de Dios se estaba moviendo en el temor del Señor, carente de temor al hombre, y su vida y ministerio se caracterizaron por el amor.

Es necesario que logremos entendimiento y clara comprensión de por qué Jesús se manifestó tan enérgicamente como el león de la tribu de Judá a los maestros de la Ley (los escribas) y a los fariseos. Para decirlo suavemente, no los podía tolerar. Fueron el único sector de la sociedad al cual habló con vehemencia. No bromeaba. Escuche sus palabras.

Después de que Jesús había liberado a un hombre endemoniado de la posesión de un espíritu de ceguera y mutismo, los fariseos acusaron a Jesús de estar poseído por el demonio. Su respuesta fue: "¡Generación de víboras! ¿Cómo podéis hablar lo bueno, siendo malos?"(Mateo 12:34).

En Lucas 11:37-54, leemos que Jesús reprendió a los fariseos por tener reglas sobre la higiene externa, pero carecer de preocupación por la pureza de sus corazones. En los versículos 39 y 40, los describe como "necios", que "por dentro estáis llenos de rapacidad y de maldad". Luego Jesús pasa a reprender a los fariseos, los escribas y los intérpretes de la ley por su orgullo, hipocresía, falta de justicia y falta de amor. Termina haciendo esta declaración: "Se han adueñado de la llave del conocimiento. Ustedes mismos no han entrado, y a los que querían entrar les han cerrado el paso" (NVI).

Otra vez, en Marcos 12:38–40 y Lucas 20:45–47, leemos que Jesús enrostra a los escribas su orgullo, hipocresía, legalismo, falta de la justicia, falta de misericordia y falta de fidelidad. En Mateo 23:27–36, Jesús llama a los escribas y fariseos sepulcros blanqueados, serpientes y generación de víboras, y luego pronuncia el duro juicio futuro sobre ellos. ¡Uau! ¿Cuánto más desagrado podía revelar Jesús?

En Mateo 16:3, Jesús reprendió a los fariseos y a los saduceos por su embotamiento espiritual al no ser capaces de percibir los signos de los tiempos, su incapacidad para interpretar verdades espirituales.

Para que podamos comprender la medida del rudo coraje y tremenda osadía que Jesús tenía al dirigirse a estos líderes religiosos de su época de la manera en que lo hizo, debemos comprender cómo eran vistos por la gente. Los escribas y los fariseos eran un grupo de élite de la sociedad a quienes se consideraba como las autoridades supremas respecto a la interpretación de la Ley, la literatura sagrada de Israel. Nadie cuestionaba su estatus, y eran sumamente influyentes. Eran muy legalistas y estaban aferrados a sus tradiciones. Marcos 7:3 llama a eso "la tradición de los ancianos", y pobre de aquel que osara cuestionar cualquier partícula de esas tradiciones.

El Único que es la Verdad vio detrás de las máscaras de falsedad, contradicción e hipocresía absoluta, y enigmáticamente anunció, en esencia: "No hagan lo que ellos hacen, porque no practican lo que predican".

(Vea Mateo 23:3.) Jesús declaró que ellos no sólo eran los "últimos" en el reino, sino que ni siquiera estaban en él. En Mateo 5:20, Jesús dijo: "Porque os digo que si vuestra justicia no fuere mayor que la de los escribas y fariseos, no entraréis en el reino de los cielos". El resultado de esta clase de exposición motivó a este grupo de la sociedad a incitar a la gente a gritar: "¡Crucifícalo! ... ¡Crucifícalo!"(Marcos 15:13-14).

¿Cómo se aplica a nosotros todo esto? Lo más fácil del mundo es estar ciego al "fariseo" que puede estar en cualquiera de nosotros. Por eso, pienso que tenemos que chequear frecuentemente la lista de cosas que caracterizan a un espíritu farisaico.

Primero, detengámonos y pidamos al Espíritu Santo que, mientras repasamos la siguiente lista, nos revele dónde podemos ser culpables y debemos arrepentirnos. Él responderá a cada oración franca y sincera.

- Enseñar la verdad pero vivir de manera diferente a esa verdad (Mateo 23:3).

- Tratar de hacer creer a otros que somos algo que no somos (Mateo 23:14).

- Elevarnos a nosotros mismos en nuestras mentes por encima de otros (Lucas 18:13–14).

- Aparentar un comportamiento correcto pero tener pensamientos incorrectos (Mateo 5:21, 28).

- Estar motivado por el amor al dinero más bien que por las prioridades de Dios (Lucas 16:14).

- Ser legalista, al guardar tradiciones de hombres mientras pasamos por alto las cuestiones de la compasión y la misericordia (Juan 9).

- Asegurarnos de que otras personas lo sepan cuando hacemos obras caritativas, ayunamos y damos dinero a otros (Mateo 6:1-4, 16-18).

- Señalar los defectos de otras personas pero ser ciegos a los nuestros (Mateo 7:1–5).

- Estar celosos de quienes ocupan posiciones más prominentes que la nuestra o tienen ventajas mayores que las que tenemos (Santiago 3:14–16).

- Dar prioridad a las tradiciones de hombres más bien que vivir de acuerdo con los principios de la Palabra de Dios (Mateo 15:16–20).

- Juzgar por apariencias externas (Mateo 23:5) en lugar de seguir el criterio de Dios, que juzga por la motivación del corazón (1 Samuel 16:7).

- Estar más preocupado por lo que piensan los hombres sobre nuestras acciones que lo que piensa Dios. Los fariseos buscaron ser elogiados por los hombres más bien que recibir la gloria de Dios (Juan 5: 44). Eso reveló su temor a los hombres y su falta de temor de Dios.

- Dar gran trascendencia a cosas menores mientras se pasan por alto otras de la mayor importancia. Jesús dijo que "cuelan el mosquito pero se tragan el camello" (Mateo 23:23–24, NVI). Eso significaba que desatendían cosas tales como cuidar de los pobres y mostrar generosidad a los extranjeros y a los marginados de la sociedad.

- Poner excusas para no cumplir el deber de honrar y cuidar a los padres, dando las provisiones y bendiciones monetarias que ellos merecen a otras causas religiosas o cristianas (Mateo 15:5–6).

- Todo juicio injusto sobre otros. Punto. Mateo 7:1 dice que cada vez que juzguemos a otro, automáticamente seremos juzgados por Dios. Eso es asunto serio. Nos haremos a nosotros mismos el mayor favor si guardamos nuestras bocazas fuertemente cerradas cuando sacamos conclusiones sobre las acciones de otras personas.

Sólo Dios conoce al 100 por ciento la situación de cada persona. Solamente Dios tiene un registro al día de cada corazón humano. Aún si se probara que las personas fueron culpables, ¿cómo sabemos si no se han arrepentido unos pocos minutos antes de que pronunciemos nuestra sentencia? Tito 3:2 dice: "Que *a nadie* difamen, que no sean pendencieros, sino amables, mostrando toda mansedumbre para con todos los hombres" (énfasis añadido). La humildad hace la diferencia, como ilustraré.

Fui profundamente afectada cuando un amigo me compartió la revelación que había tenido sobre la misericordia de Dios hacia él. Me di cuenta de que necesitaba una revelación aún más grande de ese aspecto del carácter de Dios e inmediatamente busqué al Señor para ello.

Muchos años atrás, siendo un líder espiritual, mi amigo se permitió pecados groseros y se alejó de Dios. Dejó el ministerio y vivió en abierta rebelión contra Él. Como consecuencia de la gran *misericordia* de Dios y de las oraciones persistentes y perseverantes hechas a su favor por intercesores piadosos y amorosos, en el sentido de "que Dios no lo dejaría irse", al fin se arrepintió profundamente de sus pecados y volvió de todo corazón al Señor. Durante tres meses enteros lloró diariamente ante el Señor con verdadero arrepentimiento y quebrantamiento de espíritu, y con gratitud porque Dios le hubiera mostrado todo lo que tenía que reconocer y dejar de lado. Durante este tiempo, Dios también le reveló heridas de su pasado, que no estaban relacionados con sus pecados, para las que necesitó recibir el amor sanador y el consuelo de Dios.

Me dijo que todo cuanto Dios le dio además de la salvación de su alma, él lo consideraba como un extra que venía de la misericordia de Dios—ya fuera un vaso de agua fría, una cama, un amigo, o ropa— ¡todo!

Esta revelación de la misericordia de Dios no deja lugar para la murmuración, sino solamente para un espíritu de constante gratitud que viene de la profunda humildad del corazón.

El rey Nabucodonosor obviamente tuvo una gran revelación de la misericordia de Dios que vino cuando se arrepintió profundamente de su pecado de orgullo. Entonces fue capaz de dar uno de los más finos testimonios de la total justicia de Dios al haberlo castigado con tanta severidad, cuando su razón le fue quitada y tuvo que comer como un animal.

No creo que tengamos que cometer los mismos pecados que estos dos líderes para tener su revelación de la misericordia de Dios.

La misericordia es no darnos lo que nos merecemos. La gracia es darnos lo que no nos merecemos.

Demasiadas veces buscamos evidencias de la justicia de Dios hacia nosotros en lugar de reconocer que "por la misericordia de Jehová no hemos sido consumidos" (Lamentaciones 3:22).

Obediencia es vivir a la luz de la verdad revelada. Todo lo demás es desobediencia. "Al que sabe hacer lo bueno, y no lo hace, le es pecado" (Santiago 4:17). Si Dios nos dejara ver una lista de nuestros pecados de omisión, sin mencionar nuestros pecados de comisión, como Él los ve, no sólo tendríamos una mayor comprensión de su misericordia sino que también nos maravillaríamos de la cuantía de la gracia que nos extiende.

Una revelación profunda de estas verdades será soltada en nuestras mentes si leemos en oración y muy atentamente el Salmo 78 completo. Con verdadera humildad, identifiquémonos con los hijos de Israel. Recuerde, ¡un pecado de presunción es rebelión contra

Dios! Actuamos "por nuestra cuenta" sin buscar su rostro para que nos dirija.

En 2 Corintios 7:9, Pablo dice: "Sin embargo, ahora me alegro, no porque se hayan entristecido sino porque su tristeza los llevó al arrepentimiento. Ustedes se entristecieron tal como Dios lo quiere, de modo que nosotros de ninguna manera los hemos perjudicado" (NVI).

Nuestro nivel de arrepentimiento del pecado es tan poco profundo porque no tenemos un "entristecimiento tal como Dios lo quiere" respecto a nuestro pecado; por consiguiente, con frecuencia pensamos que Dios debe darnos justicia más bien que misericordia. La humildad marca la diferencia en nuestra perspectiva.

Hasta ahora hemos estado tratando con el juicio injusto. La Biblia enseña que también hay un tiempo para el juicio justo: "No juzguéis según las apariencias, sino juzgad con justo juicio" (Juan 7:24).

La profecía debe ser juzgada, de acuerdo con 1 Tesalonicenses 5:19–21:

> "No apaguéis al Espíritu. No menospreciéis las profecías. Examinadlo todo; retened lo bueno".

Primera Corintios 14:29 reitera evidentemente la misma verdad: "Asimismo, los profetas hablen dos o tres, y los demás juzguen".

Otra ocasión para el juicio justo es cuando estamos en puestos de liderazgo espiritual y tenemos que tratar con las personas cuando se prueba que han errado.

Cuando eso ocurre, debemos seguir las claras pautas bíblicas relativas a cómo manejar esas situaciones.

Un casete de audio de mi enseñanza sobre "Immorality From God's Viewpoint" ("La inmoralidad desde el punto de vista de Dios") está disponible en la Guía de Recursos que se menciona al final de este libro. Este mensaje también cubre los principios bíblicos entrañados cuando los líderes deben tratar con personas que han errado en cualquier tipo de pecado.

He dado otro mensaje que es un factor poderosamente disuasivo para guardar a las personas de caer en el pecado, titulado: "Phoneyism, Inconsistency, and Hypocrisy" (Falsedad, contradicción e hipocresía). Está disponible en la misma fuente.

Capítulo ocho

JESÚS EL MODELO
DE CORDERO

Dado que la descripción del Señor Jesús que hizo Juan el Bautista fue: "el Cordero de Dios, que quita el pecado del mundo" (Juan 1:29), este título debe ser muy importante para el Altísimo. En 1 Pedro 1:18–21 leemos:

> "... sabiendo que fuisteis rescatados de vuestra vana manera de vivir, la cual recibisteis de vuestros padres, no con cosas corruptibles, como oro o plata, sino con la sangre preciosa de Cristo, como de un cordero sin mancha y sin contaminación, ya destinado desde antes de la fundación del mundo, pero manifestado en los postreros tiempos por amor de vosotros, y mediante el cual creéis en Dios, quien le resucitó de los muertos y le ha dado

gloria, para que vuestra fe y esperanza sean en Dios".

Esto quiere decir que antes de la Creación, la Divinidad decidió un plan: que si el hombre decidía pecar y caer bajo el juicio de Dios, entonces Jesús se convertiría en el sustituto y derramaría su sangre, haciendo expiación por nuestros pecados, para quienes se apropiaran esa expiación.

Solamente en el libro de Apocalipsis, hay veintiocho referencias al Señor Jesucristo como el Cordero, todas las cuales lo exaltan enormemente.

Piense en la cacofonía de sensacional sonido y en el calidoscopio de colores espectaculares que podría emanar de la histórica escena que es descrita en Apocalipsis 5:11–14:

"Luego miré, y oí la voz de muchos ángeles que estaban alrededor del trono, de los seres vivientes y de los ancianos. El número de ellos era millares de millares y millones de millones. Cantaban con todas sus fuerzas:

'¡Digno es el Cordero, que ha sido sacrificado, de recibir el poder, la riqueza y la sabiduría, la fortaleza y la honra, la gloria y la alabanza!'

Y oí a cuanta criatura hay en el cielo, y en la tierra, y debajo de la tierra y en el mar, a todos en la creación, que cantaban:

'¡Al que está sentado en el trono y al
Cordero, sean la alabanza y la honra, la gloria
y el poder, por los siglos de los siglos!'

Los cuatro seres vivientes exclamaron:
'¡Amén!', y los ancianos se postraron y ado-
raron".

Cecil B. De Mille ni siquiera hubiera intentado
retratar esa escena inconcebible. Ese derecho ha sido
reservado para el Cordero de Dios. Él es el único
digno de que se le atribuya esta clase de magnífico
esplendor y gloria trascendente.

En los tratos gubernamentales de Dios con la
humanidad, el camino que baja es el camino que sube.
Y nadie que haya estado tan arriba eligió ir tan abajo
como Jesús, el Hijo del hombre. Así que eso significa
que le fue dado el más alto lugar de honor por la más
alta autoridad, Dios Padre.

Un cordero es joven, tierno y dependiente de otros.
No se caracteriza por ser agresivo o ingenioso: sólo
sumiso. Esto retrata la total sumisión con la que Jesús
actuó siempre bajo las instrucciones de su Padre,
expresando la mayor humildad.

Pero la humildad de Jesús es representada de una
manera todavía más profunda a través de su vulnera-
bilidad al hacerse humano. ¡Piense en lo que implica
la Deidad en pañales! Aquél que habló y el universo
fue creado se sujetó a Sí mismo a ser un bebé indefenso, dependiente de las criaturas que Él creó, para
que lo alimenten y sustenten. La majestad personifi-
có la mansedumbre cuando se expuso a la debilidad

y las vicisitudes de los mortales a quienes Él había creado.

Sólo podemos lograr una fracción de entendimiento de esta incomprensible humildad si pensamos en lo que sería para nosotros convertirnos en hormigas y someternos a las condiciones del mundo de las hormigas. ¡Es inimaginable! Sí, queda completamente más allá de toda razón. Pero es así porque sabemos tan poco de lo que es humillarnos verdaderamente. En cambio, Dios es el máximo especialista en hacerlo y serlo.

La mansedumbre es fortaleza con riendas. Vemos manifestarse esta naturaleza de cordero en Jesús cuando tenía doce años. La primera vislumbre de ella se encuentra en Lucas 2:40: "Y el niño crecía y se fortalecía, y se llenaba de sabiduría; y la gracia de Dios era sobre él". La siguiente descripción está en los versículos 46-47: "Y aconteció que tres días después le hallaron en el templo, sentado en medio de los doctores de la ley, oyéndoles y preguntándoles. Y todos los que le oían, se maravillaban de su inteligencia y de sus respuestas".

Recuerde que estamos hablando de Aquél que es infinito en conocimientos y sabiduría, cuando continuamos leyendo en los versículos 51-52: "Entonces volvió con ellos a Nazaret, donde vivió obedeciéndolos en todo. ... Y Jesús seguía creciendo en sabiduría y estatura, y gozaba del favor de Dios y de los hombres" (DHH).

Volvemos a ver la evidencia de esta fortaleza con riendas cuando Jesús se sometió al ministerio de Juan el Bautista en el bautismo. Inmediatamente después de eso, se sometió al sufrimiento de ser tentado por el diablo en el desierto. Una de las escrituras más asombrosas para mí se encuentra en Hebreos 5:8: "Y aunque era Hijo, por lo que padeció aprendió la obediencia". Nunca comprenderemos o apreciaremos la dimensión de la humildad y mansedumbre de Jesús hasta que comprendamos las maravillas de su majestuoso esplendor y gloria.

Si yo decidiera hacerme hormiga para alcanzar hormigas y darles la vida eterna, por lo menos esperaría ser reconocida como quien era antes de condescender a rebajarme a esos niveles. ¡Jesús no! Y luego probablemente les recordaría de vez en cuando quién era cuando me sujeté a su falta de conocimiento y de sabiduría y a sus debilidades. Jesús no. Mi espíritu se echa a cantar cuando trato de recordar el estribillo del himno que solíamos cantar en mi iglesia natal de Nueva Zelanda:

Oh, ¡qué Salvador es el mío!

¡En Él Dios combina sus gracias,

Su amor nunca puede nunca declinar

¡y Él me ama![1]

Ahora, veamos las diversas maneras en que Jesús el modelo manejó como Cordero las acusaciones injustas. Sus métodos no fueron estereotipados así que tampoco deben serlo los nuestros. Hubo una oportunidad, hace muchos años, en que pensé que sería equivocado tratar de probar y explicar mi inocencia cuando fui injustamente acusada, creyendo que a su tiempo Dios me justificaría, sobre la base de Isaías 54:17: "Ninguna arma forjada contra ti prosperará, y condenarás toda lengua que se levante contra ti en juicio. Esta es la herencia de los siervos de Jehová, y su salvación de mí vendrá, dijo Jehová". La motivación era correcta, pero yo ignoraba las maneras en que Jesús se había manejado al respecto y me faltaba equilibrio en esta área.

Primero, veremos a Jesús respondiendo a sus acusadores con una simple explicación directa. En Mateo 9:11–13, Jesús fue acusado de andar en malas compañías: "¿Porqué come vuestro Maestro con los publicanos y pecadores?". Él contestó con una declaración de propósito relacionada con su misión en la Tierra: "No he venido a llamar a justos, sino a pecadores, al arrepentimiento". En Marcos 3:22–30, después de ser acusado de estar poseído por Belzebú, el príncipe de los demonios, Jesús explicó cómo esto jamás podría resultar. Les advirtió de la extrema gravedad de atribuir la obra del Espíritu Santo a la acción del diablo.

En las siguientes tres ocasiones, encontramos a Jesús haciendo caso omiso de las acusaciones que se hacían contra Él y continuando con su ministerio.

1. En Juan 7:20, después de ser acusado de estar poseído por un demonio, Jesús ignoró el comentario y pasó a explicar que era correcto sanar a un hombre en el día de reposo.

2. En Juan 9:16, encontramos que después de que Jesús hubo curado a un hombre ciego en el día de reposo, los Fariseos dijeron: "Ese hombre no procede de Dios, porque no guarda

el día de reposo". Jesús hizo caso
omiso de sus acusaciones y luego
llamó al hombre y se reveló a él
como el Hijo del hombre (NVI).

3. En Marcos 3:21, Jesús fue acusado
de locura por sus amigos. Pasó por
alto el comentario y siguió adelante
para responder otra acusación.

Así que hay veces en que el Espíritu Santo nos
ordenará que pasemos por alto las inevitables ocasiones en que seremos juzgados injustamente. Encuentro
siempre gran consuelo en la promesa de Dios del
Salmo 103:6: "Jehová es el que hace justicia y derecho a todos los que padecen violencia". Dios lo hace
a su manera y a su tiempo si nosotros perdonamos al
ofensor y recibimos la gracia de Dios.

Después vemos a Jesús confrontar a sus acusadores (los fariseos) con una auténtica explicación de
Sí mismo, a continuación de sus descaradas acusaciones. Se encuentra en Juan 8. En el versículo 39, los
judíos dicen: "Nuestro padre es Abraham". Jesús les
respondió: "Vosotros sois de vuestro padre el diablo,
y los deseos de vuestro padre queréis hacer. El ha
sido homicida desde el principio, y no ha permanecido en la verdad, porque no hay verdad en él. Cuando
habla mentira, de suyo habla; porque es mentiroso,
y padre de mentira. Y a mí, porque digo la verdad,
no me creéis. ¿Quién de vosotros me redarguye de
pecado? Pues si digo la verdad, ¿por qué vosotros no
me creéis? El que es de Dios, las palabras de Dios

oye; por esto no las oís vosotros, porque no sois de Dios" (versículos 44-47).

Pero después que los Judíos acusaron a Jesús de tener un demonio, Él lo negó tranquilamente y continuó enseñándoles y explicando su origen y fuente de autoridad: "Antes que Abraham fuese, yo soy" (versículo 58). Trataron de apedrear a Jesús, pero se escapó.

Hubo veces en que el apóstol Pablo también dijo audazmente la verdad sobre su ciudadanía, vida, y ministerio ante sus acusadores. Hechos 22 y 23 tienen esas explicaciones. Es importante cómo Dios respondió aprobándolo en Hechos 23:11: "A la noche siguiente se le presentó el Señor y le dijo: Ten ánimo, Pablo, pues como has testificado de mí en Jerusalén, así es necesario que testifiques también en Roma".

Después vemos a Jesús como el Cordero silencioso ante sus acusadores. Él siempre reaccionaba obedeciendo a la dirección del Padre, por consiguiente, no de modo estereotipado. El Espíritu Santo siempre será fiel en indicarnos cuándo ser silenciosos y cuándo hablar cuando somos acusados injustamente. En Juan 18 y 19, descubrimos que después de declarar que era el Rey de los Judíos, Jesús fue fustigado, luego acusado de la traición. Jesús guardó silencio. No dio respuesta. El resultado: la crucifixión.

Habrá ocasiones en que seremos obedientes al Espíritu Santo guardando silencio ante nuestros acusadores, a quienes también sufriremos. Pero servimos a un Señor magnífico que es "Justo... en todos sus caminos, y misericordioso en todas sus obras" (Salmos 145:17). Él es el Máximo Auditor que está guardando los registros y seguramente nos reivindicará, mientras no alberguemos en nuestros corazones resentimiento a nuestros acusadores.

Si no recibimos por fe en nuestros corazones el milagroso amor de Dios para perdonar a nuestros acusadores, Dios no nos perdonará las muchas cosas por las cuales necesitamos su perdón. Si Jesús y Esteban pudieron pedir a Dios Padre que no les tuviera en cuenta el pecado a sus asesinos, ¿no podemos nosotros recibir por fe ese mismo amor milagroso y la gracia para perdonar a nuestros acusadores?

Jesús continuó en silencio cuando enfrentó la acusación de blasfemia después de decir sencillamente que era el Cristo, el hijo de Dios. Después que el sumo sacerdote pronunció la sentencia de muerte, Jesús fue escupido en la cara y golpeado. Su reacción fue el silencio (Mateo 26:62–68).

Es el momento de detenernos y orar una de las oraciones del escritor de himnos Thomas O. Chisholm, quien escribió "O to Be Like Thee" (Oh ser como Tú).

¡Oh ser como Tú! Humilde en Espíritu,
Santo e inocente, paciente y valiente;
Sufriendo mansamente crueles reproches,
Queriendo sufrir, para a otros salvar.[2]

En Juan 18:33–37, cuando Pilato preguntó a Jesús sobre su condición de rey, Jesús claramente dijo: "Yo para esto he nacido, y para esto he venido al mundo, para dar testimonio a la verdad. Todo aquel que es de la verdad, oye mi voz "(versículo 37). Luego, en Juan

19:9, cuando Pilato le preguntó: "¿De dónde eres tú?", Jesús no le dio respuesta.

La autoridad de Jesús fue siempre ensordecedora, ya estuviera hablando o en silencio, porque Él actuaba obedeciendo las órdenes del Padre. Esa es la razón por la cual Jesús no se sintió amenazado por la pregunta de Pilato: "¿No sabes que tengo autoridad para crucificarte, y que tengo autoridad para soltarte?". Pilato pensaba que era él el que mandaba. Jesús sabía que era Dios el Padre quien mandaba, por horrendas que fueran las circunstancias.

De igual manera, cuando estamos totalmente entregados al Señor Jesús en todo momento, Él se hace completamente responsable de nosotros, no importa cuán difíciles sean las circunstancias. ¡Qué alivio! Es entonces cuando "Estad quietos, y conoced que yo soy Dios" (Salmos 46:10) resulta particularmente significativo.

Continuamos viendo a Jesús guardar silencio cuando fue interrogado ante el gobernador cuando el sumo sacerdote y los ancianos lo acusaron de muchas cosas. Se recapitula mejor citando *The Life of Christ in Stereo* (La vida de Cristo en estéreo), que combina a Lucas: 23:2–3, Mateo 27:11–14, y Marcos 15:2–5:

"Y comenzaron a acusarle, diciendo: A éste hemos hallado que pervierte a la nación, y que prohíbe dar tributo a César, diciendo que él mismo es el Cristo, un rey. Y siendo acusado por los principales sacerdotes y por los ancianos, nada respondió. Entonces Pilato le preguntó: ¿Nada respondes? Mira de cuántas cosas te acusan. Mas Jesús ni aun con eso respondió; de modo que Pilato se maravillaba."³

El profeta Isaías predijo muchos años antes de esta ocasión que cuando el Mesías viniera: "la soberanía reposará sobre sus hombros" (Isaías 9:6, NVI). Esa profecía se estaba cumpliendo mientras Jesús era procesado por los líderes nacionales y religiosos. El rey Jesús seguía teniendo el control, a través de su sumisión a su Padre Dios, quien había tenido la primera palabra respecto a su amado Hijo, y tendría la última.

Voy a darle otras dos ilustraciones bíblicas donde Jesús guardó silencio al ser interrogado. Lo hago con el propósito de que realmente podamos captar el nivel de fe que actúa detrás de la fuerza de autoridad que Dios nos entrega para caminar, cuando realmente nos sometemos a su control en todas las cosas. Es la clase de fe de que tuvo la mujer sunamita de 2 Reyes 4 cuando dijo: "Todo está bien", aunque su hijo yacía muerto en la cama del cuarto de huéspedes preparado en su casa para Eliseo.

En Mateo 26:62-63, leemos que Jesús fue interrogado por el sumo sacerdote después de que testigos declararon que Él había dicho que podía destruir el templo de Dios y reconstruirlo en tres días. En realidad, era una cita incorrecta de lo que Jesús había dicho: "Destruid este templo, y en tres días lo levantaré… Mas él hablaba del templo de su cuerpo" (Juan 2:19, 21). Jesús no respondió una palabra. ¡Dejó al

Altísimo que lo justificara! Y lo hizo, ¡al más alto nivel!

Lucas 23:8–9 nos describe a Jesús de pie ante Herodes, quien estaba esperando verle hacer algún milagro espectacular en su presencia. La respuesta de Jesús para las muchas preguntas de Herodes fue una y otra vez la misma: "pero él nada le respondió." Fue extremadamente grato escuchar a Mike Flynn, un sacerdote anglicano, hablar en una reciente conferencia de liderazgo espiritual en California del Sur. Dijo con pasión que una de las mayores necesidades de quienes son partidarios de permitir que Dios se mueva en el poder del Espíritu Santo era simplemente "¡CALLARSE!", refiriéndose a la gran necesidad de dedicar más tiempo a escuchar a Dios. Yo no podría estar más de acuerdo. Y quiero decir, como Mike lo hizo, durante los servicios. ¡Es asombroso lo que podemos escuchar! ¡Pero tenemos que estar dispuestos a dejar nuestras zonas de comodidad y a soltar nuestro control para que el Espíritu Santo llegue a ser el Único que realmente esté a cargo! Requerirá una dosis enorme de temor del Señor, que es lo único que nos libera del temor del hombre.

Cuánta autoridad de Dios es dilapidada por tantos líderes espirituales que piensan que tienen que ayudar a Dios hablando constantemente. Con frecuencia, me pregunto cómo manejarán la conmoción cuando Dios mande total silencio en el cielo por casi media hora, como describe Apocalipsis 8:1.

Por último, cuando Jesús el modelo de Cordero estaba en la cruz, la mansedumbre de su majestad volvió a ser expresada mediante el silencio, cuando a su alrededor se burlaban de Él y lo desafiaban a que exhibiera su poder salvándose a sí mismo y bajando de la cruz. Jesús respondió con la misma mansedumbre del cordero, en silencio, cuando uno de los ladrones que estaban siendo crucificados a su lado lo retó: "Si tú eres el Rey de los judíos, sálvate a ti mismo" (Lucas 23:37).

¡Con sólo decir una palabra, Jesús tenía el poder potencial de echar a toda esa muchedumbre en el olvido! Sus silencios a través de todas estas horrendas mentiras, injusticias e indescriptibles agonías de la mente, el cuerpo, el alma y el espíritu son la máxima personificación de la mansedumbre como fortaleza controlada.

Ningún otro lugar de la Palabra de Dios nos provee una descripción tan perfecta de nuestro Señor Jesús como el Cordero de Dios como Isaías 53:3–9 (NVI):

"Despreciado y rechazado por los hombres, varón de dolores, hecho para el sufrimiento. Todos evitaban mirarlo; fue despreciado, y no lo estimamos.

"Ciertamente él cargó con nuestras enfermedades y soportó nuestros dolores, pero nosotros lo consideramos herido, golpeado por Dios, y humillado. Él fue traspasado por nuestras rebeliones, y molido por nuestras iniquidades; sobre él recayó el castigo, precio de nuestra paz, y gracias a sus heridas fuimos sanados.

"Todos andábamos perdidos, como ovejas; cada uno seguía su propio camino, pero el Señor hizo recaer sobre él la iniquidad de todos nosotros. Maltratado y humillado, ni siquiera abrió su boca; como cordero, fue llevado al matadero; como oveja, enmudeció ante su trasquilador; y ni siquiera abrió su boca.

"Después de aprehenderlo y juzgarlo, le dieron muerte; nadie se preocupó de su descendencia. Fue arrancado de la tierra de los vivientes, y golpeado por la transgresión de mi pueblo. Se le asignó un sepulcro con los malvados, y murió entre los malhechores, aunque nunca cometió violencia alguna, ni hubo engaño en su boca".

La única respuesta apropiada para esta inequívoca demostración de humildad y amor sobrenatural es la adoración, la acción de gracias, y la alabanza. Nos asociamos con el salmista y decimos con intensa convicción: "Bendice, alma mía, a Jehová, y bendiga todo mi ser su santo nombre. Bendice, alma mía, a Jehová, y no olvides ninguno de sus beneficios. Él es quien perdona todas tus iniquidades, el que sana todas tus dolencias" (Salmos 103:1–3). "No a nosotros, oh Jehová, no a nosotros, sino a tu nombre da gloria, por tu misericordia, por tu verdad." (Salmos 115:1).

Cuánto agradezco a Dios por las demasiado numerosas oportunidades en que mi precioso Redentor me ha perdonado al arrepentirme de mis pecados desde mi conversión, cuando tenía cinco años, y por las muchas veces en que ha sanado mi cuerpo por su obra

expiatoria en la cruz. Mi completa dependencia de Él
es expresada en siguiente antiguo himno:

> No lo que yo soy, Señor, sino lo que Tú eres,
> Puede ser de mi alma reposo verdadero.
> Tu amor, no el mío, hace salir al miedo y a
> la duda
> y calma el dolor que me lastima el corazón,
> Tu nombre es Amor, lo escuché desde tu
> cruz.
> Tu nombre es la vida, lo vi en tu tumba
> vacía.
> Todo amor menor es escoria perecedera
> pero éste me iluminará a través de la más
> espesa penumbra de la vida.
> Es lo que sé de Ti, mi Señor y mi Dios
> lo que llena mi alma de paz, mi vida de
> canción.
> Tú eres mi salud, mi alegría, mi vara y mi
> cayado.
> Apoyado en Ti, cuando débil soy fuerte. [4]

Capítulo nueve

LA SUPREMA
AUTORIDAD DE JESÚS

Es importante cerrar este libro subrayando la incuestionable autoridad y soberanía de Jesús. Él es realmente quien está al mando. Vale la pena repetir que es el monarca reinante y que domina el universo. A decir verdad, la única razón por la que tenemos aliento en nuestro cuerpo en este preciso momento es porque Él lo está permitiendo. En Job 12:10, leemos: "En su mano está el alma de todo viviente, y el hálito de todo el género humano".

Jesucristo tuvo la primera palabra, y tendrá la última: "Yo soy el Alfa y la Omega, principio y fin, dice el Señor, el que es y que era y que ha de venir, el Todopoderoso" (Apocalipsis 1:8). No tiene competencia. "Señor, digno eres de recibir la gloria y la honra y el poder; porque tú creaste todas las cosas, y por tu voluntad existen y fueron creadas" (Apocalipsis 4:11).

El Señor Jesús es el campeón invicto: "El Señor marchará como guerrero; como hombre de guerra despertará su celo. Con gritos y alaridos se lanzará al combate, y triunfará sobre sus enemigos" (Isaías 42:13, NVI).

El rey David comprendía este concepto de la supremacía total y soberanía absoluta de nuestro Dios cuando dijo en el salmo 86:8–10: "Oh Señor, ninguno hay como tú entre los dioses, ni obras que igualen tus obras. Todas las naciones que hiciste vendrán y adorarán delante de ti, Señor, y glorificarán tu nombre. Porque tú eres grande, y hacedor de maravillas; sólo tú eres Dios."

Escuche las palabras de Deuteronomio 32:39: "Ved ahora que yo, yo soy, y no hay dioses conmigo; Yo hago morir, y yo hago vivir; Yo hiero, y yo sano; Y no hay quien pueda librar de mi mano".

Además de eso, el Señor Jesucristo tiene un reino inmutable, indestructible y eterno. En Daniel 4:3 leemos: "Su reino, reino sempiterno, y su señorío de generación en generación". Daniel 6:26 dice: "Él es el Dios viviente y permanece por todos los siglos, y su reino no será jamás destruido, y su dominio perdurará hasta el fin".

Nada lo inmuta. Es totalmente imperturbable. Nunca está sobrecargado. No necesita dormir. Él es la fuente de toda energía. Se describió a Moisés como "YO SOY". Eso quiere decir que Él es todo: ¡todo lo que usted y yo podamos necesitar en cualquier momento!

Usted puede estar pensando: "Bien, eso es realmente impresionante, y lo creo. Pero ¿cómo se relacionan esos hechos con el mundo de cada día sobre el planeta Tierra, como la difícil situación que atravieso precisamente ahora?". Buena pregunta. Este Ser impresionante y todopoderoso, el Rey Dios, no es un gigantesco poder exterior del cosmos, desinteresado de los asuntos de los miles de millones de criaturas que creó.

El Señor Jesucristo está personalmente involucrado en, e infinitamente preocupando por, los más pequeños detalles de nuestras vidas, tanto como por las mayores decisiones que debamos tomar en nuestras épocas de crisis. Está escuchando y respondiendo millones de pedidos que le llegan simultáneamente, hablados en cada lengua y dialecto de la Tierra, todos al mismo tiempo. Está siempre disponible y no está limitado por el tiempo o por el espacio. Esto sobrepasa la imaginación.

Nosotros, pequeñas y finitas criaturas de polvo, no podemos comprender a este Dios omnipresente, omnisciente y omnipotente, de amor incomprensible, cuyo conocimiento de nosotros es infinito (o inescrutable) de acuerdo con el salmo 147:5. Usted puede decir: "Dígame cómo actúa eso en vida cotidiana."

Muy bien, vayamos a los más pequeños detalles de la vida para demostrar lo que he estado diciendo. Soy una maestra internacional de Biblia, y gran parte de mi ministerio tiene lugar en plataformas públicas y en programas de televisión. No deseo que nada en mi apariencia distraiga del mensaje del Señor que estoy trayendo. En varias ocasiones, justo antes de partir para mis compromisos de predicación, he tenido dificultad en conseguir que mi fino cabello de bebé haga lo que quiero que haga, así que le pido al Señor que *lo haga* quedar bien siempre. Como sé que puede hacer algo y sé que se preocupa, con simple fe de niña le agradezco que lo haga. Y cada vez, sin excepción, Él se hace cargo y hace lo apropiado para mi necesidad.

En Mateo 10:30, Dios nos dice que conoce el número de los cabellos de nuestra cabeza. Eso es parte de su omnisciencia: conocerlo todo. Pienso que es parte de su omnipotencia —poderlo todo— poder ayudarme a arreglar esos pelos sobre mi cabeza, lo que contribuirá a que mi apariencia refleje el carácter del Dios de quien estoy hablando.

Cuando pierdo una lapicera, un peine o llaves —*cualquier cosa*, pequeña o grande— siempre clamo inmediatamente a Dios para que me ayude a encontrarlo. Podría llenar un libro con relatos de las respuestas a esas oraciones.

La vida se convierte en una interminable aventura de experimentar la intervención sobrenatural del Creador del universo en mis situaciones cotidianas. Como he dicho antes en este libro, la oración es traer a Dios cada situación y pedirle que la cambie de algo natural en algo sobrenatural así Él puede recibir toda la gloria.

He aquí otra historia que me fue contada a mí personalmente, hace poco, por la esposa de la familia iraní a quien estamos ayudando a discipular para el Señor Jesús. El marido de Mary, Carmi, le había dado $2,500 destinados a los pagos de sus facturas mensuales. Cuando fue a depositar el dinero en el banco, para su total asombro y consternación, no lo podía encontrar. En los siguientes tres días registró su casa con la mayor diligencia. Entonces Carmi y Mary, por separado, pidieron a Dios que les mostrara qué había pasado con él. Al tercer día mientras estaba en su lugar de trabajo, Mary, estaba pidiendo la ayuda de Dios respecto al dinero perdido cuando oyó al Espíritu Santo hablar estas palabras silenciosamente en su espíritu: "Busca el dinero entre sus zapatos".

En cuanto regresó a casa, se fue derechito a los zapatos que estaban en su ropero, y en efecto, ¡había exactamente $2,500 ocultos en un par de zapatos! Mary dice que no tiene la menor idea de cómo el dinero pudo haber ido a parar allí. Pero una cosa sabe. Que Dios es asombrosamente real, y en su infinito conocimiento y afectuosa preocupación por ella, su hija, le comunicó claramente a su mente qué hacer para cubrir su necesidad cuando ella se lo preguntó con fe y confianza. ¡Eso no fue no una coincidencia; Dios lo hizo!

Adoro pensar como está descrito en Deuteronomio 33:26: "No hay como…. Dios…, quien cabalga sobre los cielos para tu ayuda, y sobre las nubes con su grandeza".

Uau, ¡qué Dios!

Este podría ser un lugar apropiado para detenernos y cantar la siguiente canción de alabanza a Él:

> Declaramos tu majestad
> Proclamamos que tu nombre sea exaltado
> Tú eres Rey, magnifico Señor
> Victorioso y mostraste tu poder en mí
> Proclamaré mi Dios es grande

Te exaltaré, tú eres santo
Y te daré la gloria y honra
Yo te adoro y me postro ante ti. [1]

¿Por qué no invita a Dios a que tome completo control de su vida? Entréguese a Él. Pida al Señor Jesús que perdone sus pecados. Agradézcale por haber recibido el castigo y la pena de ellos cuando murió sobre la cruz por usted. Invítelo a que venga y viva dentro de su corazón, y crea que lo hace y agradézcaselo sobre la base de Juan 1:12: "A quienes lo recibieron y creyeron en él, les concedió el privilegio de llegar a ser hijos de Dios" (DHH).

Créame a mí, y a millones como yo, que podemos testificar que nos hacemos el mayor favor a nosotros mismos al vivir nuestras vidas en total sumisión al señorío de Jesucristo. Es la aventura más grande conocida por el hombre. No hay mayor ambición espiritual que querer conocer y comprender el carácter de Dios y sus caminos, para hacerlos conocer a otros en el poder del Espíritu Santo. También debemos invitar al Espíritu Santo y permitirle cambiarnos y conformarnos a la semejanza de nuestro magnífico Maestro, el precioso Señor Jesucristo. Es el único camino a la satisfacción. Todo lo demás es frustración. ¿Quiere usted perseguir estas metas conmigo? Estoy rogando fervientemente que sí lo quiera, lector querido.

OH, SER COMO TÚ

Oh, ser como Tú, bendito Redentor
Este es mi constante anhelo y oración;

Con gusto a los tesoros de la tierra renuncio,
Para verme, Jesús, como Tú.

Oh, ser como Tú! Oh, ser como Tú,
Redentor bendito, puro como eres;
Ven en tu dulzura, en tu plenitud,
Graba tu semejanza en mi corazón.

Oh, ser como Tú, lleno de compasión,
Amante, perdonador, tierno y amable,
Ayudar al indefenso, alentar al desmayado,
Buscar hallar al errante al pecador

Oh, para ser como Tú vengo, Señor,
A recibir tu divina unción ahora,
Todo lo que soy y he de llevar,
desde ahora, Señor, tuyos serán.

Oh, ser como Tú; mientras suplico,
Vierte tu Espíritu, lléname con tu amor,
Hazme un templo apropiado para que Tú
    mores,
Aquí en esta vida y arriba en el cielo.[2]

PARA SER COMO JESÚS

Ser como Jesús, ser como Jesús,
Todo lo que pido es ser como Él,
A través de la jornada de la vida, de la tierra
    a la gloria,
Todo lo que yo pido es ser como Él.[3]

Notas

Capítulo 1

Jesús el Modelo en el ministerio

1. Johnston M. Cheney, *The Life of Christ in Stereo*. (La vida de Cristo en estéreo) (Sisters, OR: Multnomah, 1984).

Capítulo 3

Jesús fue siempre franco y transparente

1. Cheney, *The Life of Christ in Stereo*. (La vida de Cristo en estéreo). En la traducción al español se ha optado por transcribir de la versión Reina Valera 1960 los versículos indicados por la autora.

Capítulo 6

Jesús el Maestro ganador de almas

1. "Make Me a Winner of Souls" (Hazme un ganador de almas) by John W. Peterson. Copyright © 1953 por John W. Peterson Music Company. Todos los derechos reservados. Usado con permiso. Traducción libre al español.

Capítulo 8

Jesús el Modelo de Cordero

1. "For All My Sin" (Por todos mis pecados) por Norman J. Clayton. Copyright © 1943, renovado 1971 Wordspring Music,

LLC (admin. por Word Music Group, Inc.). Todos los derechos reservados. Usado con permiso. Traducción libre al español.

2. "O to Be Like Thee" (Oh ser como Tú) por Thomas O. Chisholm. De dominio público. Traducción libre al español.

3. Cheney, *The Life of Christ in Stereo*. (La vida de Cristo en estéreo). En la traducción al español se ha optado por transcribir de la versión Reina Valera 1960 los versículos indicados por la autora.

4. Título y autor desconocidos.

CAPÍTULO 9

LA SUPREMA AUTORIDAD DE JESÚS

1. "We Declare Your Majesty" (Declaramos tu majestad) por Malcolm Du Plessis, copyright © 1984 Maranatha Praise, Inc. (admin. por Music Services). Todos los derechos reservados. Usado con permiso. Versión en español tomada de www.riosdegracia.com/ ADORANCIONYALABANZA/2000. pdf.Consultado 11/30/2007.

2. "O to Be Like Thee" (Oh ser como Tú) por Thomas O. Chisholm. De dominio público. Traducción libre al español.

3. "To Be Like Jesus" (Ser como Jesús) por L. C. Hall. De dominio público. Traducción libre al español.

OTROS TÍTULOS DE JOY DAWSON EN INGLÉS

Amistad íntima con Dios (Grupo Nelson-en español)
Este penetrante best seller explica cómo los estándares de santidad de Dios afectan cada área de nuestras vidas.

The Fire of God (El fuego de Dios)
This enlightening, challenging, and encouraging book explains how we can come through the inevitable heat of life's circumstances, more like Jesus, but unscarred by the f lames.

Forever Ruined for the Ordinary (Arruinada para siempre de lo ordinario)
This exciting book explains how to experience the adventure of hearing and obeying God's voice as a way of life.

Intercession, Thrilling and Fulfilling (Intercesión, emoción y cumplimiento)
This inspiring manual takes the reader to greater depths and breadth in effective prayer for others.
nuestras vidas.

Some of the Ways of God in Healing (Algunas maneras en las que Dios sana)
If you have more questions than answers about healing, then this book is for you. Joy is ruthless in her pursuit of truth from God's Word.

Influencing Children to Become World Changers
(Cómo influenciar en los niños para que se conviertan en gente de cambio)

Filled with wisdom, inspiration, and fascinating real-life stories, this practical book is a must-read for everyone who desires to impact children to enable them to reach their God-ordained destinies and help shape the world.

To order these titles or to obtain your free Resource Guide of Joy Dawson's teaching materials,
contact:

LOS ANGELES YOUTH WITH A MISSION
11141 Osborne Street
Lake View Terrace, CA 91342
Phone: 818.896.2755
Fax: 818.897.6738
E-mail: info@ywamla.org
Web site: www.ywamla.org